学衡尔雅文库

主编 孙江

南京大学文科"双一流"专项经费资助

冯天瑜 著

封建

Feudalism

江苏人民出版社

图书在版编目(CIP)数据

封建/冯天瑜著. --南京:江苏人民出版社,
2023.1(2024.5 重印)

(学衡尔雅文库/孙江主编)

ISBN 978 - 7 - 214 - 27033 - 7

Ⅰ.①封… Ⅱ.①冯… Ⅲ.①封建社会-研究-中国
Ⅳ.①K230.7

中国版本图书馆 CIP 数据核字(2022)第 058777 号

书　　　　名　封　建
著　　　　者　冯天瑜
责 任 编 辑　陈　颖
装 帧 设 计　刘　俊
责 任 监 制　王　娟
出 版 发 行　江苏人民出版社
地　　　　址　南京市湖南路 1 号 A 楼,邮编:210009
照　　　　排　江苏凤凰制版有限公司
印　　　　刷　南京爱德印刷有限公司
开　　　　本　850 毫米×1168 毫米　1/32
印　　　　张　6.375　插页 6
字　　　　数　124 千字
版　　　　次　2023 年 1 月第 1 版
印　　　　次　2024 年 5 月第 3 次印刷
标 准 书 号　ISBN 978 - 7 - 214 - 27033 - 7
定　　　　价　40.00 元

(江苏人民出版社图书凡印装错误可向承印厂调换)

回看百年前的中国,在 20 世纪之初的十年间,汉语世界曾涌现出成百上千的新词语和新概念。有的裔出古籍,旧词新意;有的别途另创,新词新意。有些表征现代国家,有些融入日常生活。

本文库名为"学衡尔雅文库"。"学衡"二字,借自 1922 年所创《学衡》杂志英译名"Critical Review"(批评性评论);"尔雅"二字,取其近乎雅言之意。

本文库旨在梳理影响近现代历史进程的重要词语和概念,呈现由词语和概念所构建的现代,探究过往,前瞻未来,为深化中国的人文社会科学研究提供一块基石。

目录

题记

只有当一个民族用自己的语言掌握了一门科学的时候,我们才能说这门科学属于这个民族了。

——［德］黑格尔:《哲学史讲演录》第四卷

2002 年,笔者访学德国,曾泛舟莱茵河中游。 得见山川如画,苍翠峰峦间,每距数十公里即有灰色城堡耸立,它们或已成断壁残垣,或巍峨壮丽依旧。 此乃诸侯林立的西欧中世纪封建社会的物质遗存。 身临其境,近二十年来一直思考着的"封建"概念辨析问题,骤然齐聚心头。

"封建"本为表述中国古代政制的汉字旧名,意谓封土建国、等级封授,近代以前在汉字文化圈诸国（中国、越南、朝鲜、日本等）中未生异议。 19 世纪中叶西学东渐以降,"封建制"在中日两国用以对译西洋术语 feudalism（封土封臣、采邑领主制）,衍为一个表述普世性历史阶段和社会形态的新名词。"封建"一词经历了概念的古今转换和中西涵化（acculturation）,

日本因素也参与其内；马克思主义在中国传播，深化了此一术语的含义，其内涵与外延均大为丰富并复杂化。"封建"作为近现代概念史上的重要案例和历史分期的关键词，释义纷纭，展现了思想文化领域错综的演绎状况，涉及"概念"与"所指"历史实在的关系问题，也即"名"与"实"的关系问题，其成败得失与历史学乃至整个人文社会科学的发展相关联，也深度影响大众语用，故对其考索探究、阐微决疑，既非细事，也非易事。

概念的演变是人类思想更革的表征，反映了知识总量的扩大、思想的迁衍与深化。近代以降，西学东渐，中国发生了前所未有的知识与思想、语言与概念的更革过程。由于汉字的多义性，汉字词往往可以在同一词形下推衍出多种含义，故以汉语古典词对译西方概念，常发生引申和变义，这正是新语创制的可能与必需。然而，概念的古今转换、中外对接，牵涉着文化的时代性进步与民族性因革两大往往并不总是互洽的过程，其情形错综复杂，概念与指称之间的误植时有发生。以汉字词对译外来概念，如果既与汉语词古典义完全脱钩，甚至与原有意义方向悖反，亦与对译的外来词的含义相去甚远，又无法通过改变构词法从原词形推导出新的词义来，那么其"新义"全然是外在强加上去的。这种对译，便会因"名实错位"导致"概念误植"。"封建"即其典型例证。

笔者在莱茵河两岸目睹的昔日容克（Junker）贵族们俯瞰田园农户的古堡群，尤声却有力地诠释着与"封建制"相对译

3

的西语 feudalism 的内涵（封土封臣、采邑领主），也呼应着汉语名词"封建"的本义（封国土、建诸侯）。比照之下，流行大半个世纪的与古义、西义均相脱钩的泛化新名词"封建"，其偏失自现。

术语厘定是学科形成与发展的必要前提。如果"商品""价值""市场"等术语的含义紊乱，经济学只能是一派昏话。有了"根""茎""叶"等术语的确立，植物学方可成为一门学科。历史学术语的界定同样至关紧要。仅以大半个世纪以来中国历史分期问题的讨论而言，之所以学术界长期聚讼未决，重要原因之一，便是"封建"等核心术语的概念没有厘清。林甘泉等合著《中国古代史分期讨论五十年》一书将其概括为"三论五说"，即西周封建论、战国封建论、魏晋封建论以及春秋封建说、秦统一封建说、西汉封建说、东汉封建说、东晋封建说。诸家各持其端，莫衷一是。这种核心术语内涵歧异、义项多设的讨论，必然出现同一议题之内"概念不一""论旨转移"的逻辑前提问题，此乃难以在历史分期上获得共识的原因之一。当然，由非学术因素起作用，也可以达成某种"共识"（如统一为"战国封建说"，将周末至明清称为"封建时代"）；然其"共识"只能是一时"众服"之假象而已。

在同一词形下，内容的变换衍发，不乏因革恰当的良例，如"科学""革命""共和"等，新名所含概念既与旧名保持联系，又有合理的引申，并与对译的西洋术语所蕴概念相涵化。然而，近一个世纪以来，"封建"由本义向新内涵的转换，在一些史家那里发生了概念错位（笔者在 20 世纪 80 年代中期以前也曾信从无疑）：其一，泛化封建（土地可以买卖的地主经济、中央集权的专制君主政治）不仅与"封建"本义（土地由封赐而来、不得转让买卖，政权分散、诸侯林立）脱钩，而且同"封建"本义指示的方向恰相悖反；其二，泛化封建所指秦至清的社会情状又与相对译的英语词 feudalism 的所指（封土封臣、采邑领主、人身依附、超经济剥夺、农奴制）大异其趣；其三，"封建"的上述泛义超出词形提供的意义空间，全然是外在注入的，不符合汉字词"形义吻合"的构词特性。

由于"封建"被泛化，以其作词干形成的一系列词组——"封建制度""封建社会""封建主义""封建时代"等，也随之偏离正轨。于是，因为关键术语失准，一部中国历史的叙事，失却构制网络的坚实纽结。由此出发，我们长期探讨的"中国历史分期""中国封建社会内部分期""封建土地所有制形式""中国资本主义萌芽""中国封建社会为何长期延续"诸问题，都缺乏议论得以健康展开所必需的严密的概念坐标系，有学者把其中某些论题（如中国封建社会为何长期延续）称为"假问题"①。可见，"封建"概念的准确性问题，关涉中国历史叙事的框架构筑，兹事体大，不得不考究新名"封建""形义脱节""名实错植"的症结所在。这也是笔者对自己曾经有过

---

① 参见何兆武《历史研究中的一个假问题》，《百科知识》1989 年第 5 期。

的模糊认识的一种清理、拨正。

在追踪问题的来龙去脉之际,有一种情形可以预先排除:令"封建"概念泛化者不通古汉语及中国古史,或不谙西语及西洋史,造成概念误植。事实上,将"封建"泛化的近现代学者,大多饱读诗书,当然明白"封建"的古义是封土建国、封爵建藩;他们又多半熟识西文、西史,对 feudalism 的含义为封土封臣、采邑领主制,并不生疏。故"封建"滥用,绝非由于论者不通古义、西义,而另有缘由——误信单线直进史观,因而将中国历史附会西欧历史的"原始社会—奴隶社会—封建社会—资本主义社会"程式。总之,"封建"概念被泛化,不单是一个语义学问题,更是历史学、文化学问题,可以总括为"历史文化语义学"问题。

了然于此以后,笔者决计另辟蹊径:首先确认"封建"本义及西义,在此基础上,梳理"封建"概念演绎的轨迹,对其作历时性的动态研究,考察这个原本创制于中国,又在近代中国及日本借以对译西文 feudalism 的新名,在中国逐步演化的具体过程,尤其用力于探讨几个导致概念变更的关键时段(如清民之际、五四时期、大革命失败后几年间、"五种社会形态说"流传中国时期)的社会—文化生态,以及在此种社会—文化生态下的语义迁衍。这一在古今沿革及中—西—日三语境间的溯源讨流,将构成本书主体。笔者愿偕同读者诸君,从概念的历时性演绎及中外对接的过程中窥探"封建"被泛化的社会—文化因缘。最后,提供一种取代泛化"封建"的改良设想,以供学界取舍。

本书拟从"封建"词义的历史考察入手，进而在概念史的论析上展开，亦即由词义史之"考"，导入思想文化史之"论"，所做的是一番"知识考古"工作。因新名"封建"的泛解已经约定俗成，一时难以更改，本书试图从学理层面，通过对"封建"从旧名向新名转变过程的辨识，为中国古史叙事提供一个厘清概念（正名）的思路。

以上尝试是一次围绕"封建"名目的"历史文化语义学"遨游。此游不尽如春游踏青，可以纵情领略"千里莺啼绿映红"，有时还需攀缘山岩，潜入溪涧，可能遭遇险阻，但此番辛苦跋涉若能使诸君获得某种野趣，产生探求"深山更深处"的向往，则不胜欣幸。

第一章

古义演绎

第一节 "封建"本义

汉语"封建"一词本指殷周分封制度，又延及后世各种封爵建藩举措，还指涉与分封制相关的朝政、官制、人身关系、土地制度、外交关系、民族关系等。为昭显"封建"本义，须略作文字考释及制度史追溯。

一、释"封建"：从"大立其福"到"封邦建国"

"封建"一词，初见东周，如《诗经·商颂·殷武》曰："命于下国，封建厥福。"此处"封建"，尚不宜作"封土建国"解。东汉经学家郑玄笺释"封建厥福"为"大立其福"，较为确切。亦即说,此"封建"为"大立"之意。

在"封邦建国"义上用"封建"一词,较早见之于《左传·僖公二十四年》:"封建亲戚,以蕃屏周。"意思是说:周天子将自己的亲戚封为诸侯之君,把他们作为保护周王室的屏障。后之儒者诠释《诗》《书》,将"封建"明解为封爵封土以建国,《说文》云:"封,爵诸侯之土也……建,立朝律也。"指帝王以爵土颁赐诸侯,分茅裂土,使之在所领有区域建立邦国,此即所谓"封国土,建诸侯"。近人杨伯峻、徐提编《春秋左传词典》说:"封建,以土地封人使之建国",是为简明诠释。

二、西周封建

封建制的确立完成于西周(公元前 11 世纪至前 8 世纪)。周文王时期,已在王畿内用分封制使周人扩展领有的土地,这可称为第一次封建。武王克商之后的分封,可称为第二次封建,俗称"武王封建"。武王故去后,成王、康王继续分封,可称为第三次封建,俗称"周公封建"。这三次封建,以周公封建最为完备,故梁启超说,"真封建自周公始"①。

周代封建制与宗法制、等级制互为表里,相与共生。西周

---

① 梁启超:《先秦政治思想史》,商务印书馆 1923 年版。

宗法制包括嫡长子继承君统和余子分封两项内容，故分封制以宗法制为基旨，宗统与政统合而为一；又与等级制彼此渗透，由分封确认等级，因等级巩固分封。封建制的要旨在"分"，通过分封子弟、功臣，以分治领土，屏卫王室；宗法制的要旨在"合"，通过血缘纽带达到合族目标。封建之"分"与宗法之"合"，相为表里，彼此为用，是西周政治、社会稳固的基石。如果把夏、商称为"氏族封建制"，那么西周则可称为"宗法封建制"。

西周封建有多个级次，如《左传·桓公二年》所称："天子建国，诸侯立家，卿置侧室，大夫有贰宗，士有隶子弟"，构成王、诸侯、卿大夫等多级分封制：王领"天下"，诸侯领"国"，卿大夫领"家"。其最为重要的是"天子建国"与"诸侯立家"。亦即说，西周政制主要是天子覆盖下的两级结构（王国与诸侯国）。

西周封建制的社会实态，是伴随军事征服向东殖民过程中的封土与授民。西周早期大盂鼎铭文称"受民受疆土"，讲到受封者不仅得到土地，还连同得到土地上的民众。

周初封国的类型主要有三种：第一种，封先代君王之后，以示对先代的尊敬、对余民的安抚；第二种，封同姓（姬姓受封），以昭示"亲亲之义"；第三种，封有功异姓，即所谓"贤贤表德"，亦可称之扬褒"勤劳文武"。

西周实行封建制，其根基是井田制度。其剥削方式是农奴服公田劳役，剥削量不重，这符合当时的社会经济发展水平。

三、东周：封建解纽

周幽王被犬戎杀于骊山，周平王东迁，周天子威权日趋跌落。若干世代后，周天子的实力已不及一个小诸侯，"天下共主"地位丧失殆尽。西周时名义上属于周室的普天王土和王臣，东周时已全然归于公卿大夫等各级领主。春秋（前8世纪至前5世纪）的"封建"，再也不是周天子向诸侯颁赐土地与人民了，而是列国诸侯向卿大夫颁赐土地与人民，受封者以之作为食邑。自此，分封除了考虑宗法血缘关系，已愈来愈普遍地实行论功行赏，淡化宗法分封。此制至战国中后期尤盛。总之，至春秋、战国，周武王、周公当年设置的封爵建土格局已不复旧观。

"郡县制"发端于春秋时的楚、晋，战国时普及列国。秦以后，中国政制及经济形态均有大更革，"郡县"与"封建"镶嵌并存；而就主体而言，则正式进入"非封建"时代。"郡县"取代"封建"，从政治言之，国家垂直掌控地方政权，官僚政治代替贵族政治；从经济言之，国家直接把握田租、赋税和徭役，大一统的专制社会逐渐确立。

第二节　秦至清的"封建论"

封建与井田、学校并称"三代遗制",被视作制度典范,或被人追怀景仰,或遭到清算指斥,在两千多年间不断引为政论主题。

一、秦廷议"封建"

(一)初议"封建",立郡县制

自公元前 221 年之前的十年间,秦国发动兼并战争,先后灭掉韩、赵、魏、楚、燕、齐,建立大一统帝国。秦王朝面临一个尖锐问题:何以处置传袭久远的封建制度?秦始皇主持廷议,讨论治国方略,守旧、革新两派意见对立,围绕"封建—郡县"两制的优劣、取舍,展开激烈辩论。丞相王绾等向始皇帝建议分封诸子,以屏卫帝位,其言曰:"诸侯初破,燕、齐、荆地远,不为置王,毋以填(镇)之。请立诸子,唯上幸许。"始皇帝下其议于群臣,"群臣皆以为然"。然廷尉李斯起而抗辩:

周文武所封子弟同姓甚众，然后属疏远，相攻击如仇雠，诸侯更相诛伐，周天子弗能禁止。今海内赖陛下神灵一统，皆为郡县，诸子功臣以公赋税重赏赐之，甚足易制。天下无异意，则安宁之术也。置诸侯不便。(《史记·秦始皇本纪》)

始皇帝拒绝王绾之说，并直接表态同意李斯的意见：

天下共苦战斗不休，以有侯王。赖宗庙，天下初定，又复立国，是树兵也。而求其宁息，岂不难哉！廷尉议是。(《史记·秦始皇本纪》)

始皇帝采纳李斯建策，分天下为三十六郡；郡置守（行政长官）、尉（军事长官）、监（监察官）；每郡下属若干县。

（二）再议"封建"，焚书坑儒

公元前 213 年，始皇置酒咸阳宫，博士七十人为之祝寿。博士、齐人淳于越进言："殷、周之王千余岁，封子弟、功臣，自为枝辅。今陛下有海内，而子弟为匹夫"，若有反叛，"何以相救哉？"他主张恢复古封建制。始皇将淳于越奏议提交廷议，丞相李斯回奏，力辟"封建"，并引申出厉行文化专制的论说：

> 异时诸侯并争,厚招游学。今天下已定,法令出一,百姓当家则力农工,士则学习法令、辟禁。今诸生不师今而学古,以非当世,惑乱黔首。丞相臣斯昧死言:古者天下散乱,莫之能一,是以诸侯并作,语皆道古以害今,饰虚言以乱实,人善其所私学,以非上之所建立。(《**史记·秦始皇本纪**》)

李斯接着提出焚毁《诗》、《书》、百家语,消灭私学的建策,并主张"有敢偶语《诗》、《书》弃市,以古非今者族"。秦始皇采纳,下令烧毁《秦纪》以外的史书,又坑死犯禁儒生、方士四百六十人(《史记·秦始皇本纪》)。司马迁总结李斯业绩时,称其"使秦无尺土之封,不立子弟为王,功臣为诸侯者,使后无攻战之患"(《史记·李斯列传》)。

发生在秦廷的"封建—郡县"辩论,终止了"兴灭国,继绝世"的封建传统,以郡县制的大力推行作结,并引发了"焚书坑儒"。"封建制"向"郡县制"转化,有其历史的合理性与进步性,然这种转化从开端处,便伴随着污秽与鲜血。

二、汉、晋"封建论"

以秦廷之辩为端绪,自两汉至魏晋,"封建—郡县"比较论此起彼伏,赞扬或贬斥"封建"的评议,不绝于史。

（一）裁抑封建：张良的谋略与贾谊、晁错的政论

不行封建的秦朝二世而亡，引发了一种追怀封建的思古幽情。《史记·留侯世家》载，楚汉战争间，郦食其建议封六国子孙，刘邦鉴于秦孤立而亡，赞同郦生之议，欲立六国后。张良则列八条理由，举大量史例，证此举为不可，其中"不可八"说："今复六国，立韩、魏、燕、赵、齐、楚之后，天下游士各归事其主，从其亲戚，反其故旧坟墓，陛下与谁取天下乎？"刘邦闻言大悟，从张良之议。然而，在历史惯性的驱动下，刘邦仍不能忘怀"封建"，为笼络大将而分封"异姓七国"（韩、赵、楚、淮南、燕、长沙、梁）。除长沙王外，这些异姓诸侯，如淮南王英布、楚王韩信、梁王彭越等，均悍将出身，俱为开国元勋，他们或因野心膨胀，或因功高震主，为刘邦疑忌，终于相继身死国废。《史记·吕太后本纪》载，鉴于异姓王的叛乱，刘邦刑白马，与大臣誓约："非刘氏而王者，天下共击之。"随后汉封楚、荆、代、齐、赵、梁、淮阳、淮南、燕"同姓九国"。《汉书·诸侯王表序》载："诸侯大者，夸（跨）州兼郡，连城数十，宫室百官同制京师。"诸王出入"拟于天子"，甚至"不听天子诏"，形成尾大不掉的割据势力。

汉文帝时，"诸侯王僭儗，地过古制"，贾谊向文帝上《治安策》，认为实封诸侯导致分裂、反叛，"甚非所以安上而全下也"。《汉书·贾谊传》载，为了防范众诸侯联手反叛，贾谊建议不断分裂藩国，使其势力削减：

欲天下之治安,莫若众建诸侯而少其力。力少则易使以义,国小则亡邪心。令海内之执,如身之使臂,臂之使指,莫不制从。诸侯之君,不敢有异心,辐辏并进,而归命天子。

文帝采纳其议,析分齐、赵二国。但大体言之,文帝并不十分重视其政见。

后来,因吴王刘濞反叛之相毕露,太子家令晁错数次上疏文帝,力促削藩,文帝未予采纳,丧失了削藩的时机。《史记·袁盎晁错列传》载,景帝即位后,以晁错为内史,又迁任御史大夫。鉴于山东诸国强大,"分天下之半",晁错力促景帝"削藩"以"尊王安民"。景帝遂着手削藩。久谋起事的吴王刘濞打出"请诛晁错,以清君侧"名号,发动吴楚七国叛乱。晁错的政敌袁盎、窦婴等乘机进谗,景帝将晁错处斩。晁错成为"反封建"的牺牲者。《汉书·袁盎晁错传》载,晁错死后,邓公依然向景帝力陈其削藩策的正确性:"夫晁错患诸侯强大不可制,故请削地以尊京师,万世之利也。"景帝遂深以诛晁为悔。晁错的削藩策终被景帝及武帝相继采行。贾谊、晁错等裁抑封建的横议富于实践性,被后世视为政论典范。

（二）《淮南子》的多元论与董仲舒《对策》的一统论

经过景帝平定吴楚七国之乱,汉王朝的君主集权政治得以巩固,然"封建制"的余绪犹存。淮南王刘安主持撰写的《淮南子》,一方面表示拥护朝廷集权,另一方面又主张保存封建诸侯国的相对独立性，希望朝廷与诸侯国并行不悖，彼此相安。《淮南子·齐俗训》中设计其理想情景：

> 邻国相望，鸡狗之音相闻，而足迹不接诸侯之境，车轨不结千里之外者，皆各得其所安。

与求"多"的刘安同时期的另一位思想家，求"一"的董仲舒的观点则大异。董仲舒推崇君主集权下的大一统，反复论证政权与文化的一元性。其《春秋繁露·重政》载："唯圣人能属万物之一而系之元也。"《董仲舒对策一》载："一者，万物之所从始也；元者，辞之所谓大也。"董氏还在《春秋繁露·基义》中申发"王道之三纲"，为君主集权制作理论论证。与董仲舒相对应，刘安则怀念"封建"，向往宽松开明的君主制，保留封建贵族政治的余韵流风。《淮南子·原道训》载："天下神器，不可为也，为者败之，执者失之。"他所追慕的治国者是周公那样的"行无专制，事无由己"的无为而治者，与秦汉强横的专制帝王风格迥异。《淮南子·齐俗训》有一段妙文，拟周公与姜太公的对话，表达对宗法封建与举贤尚功两种政治取向的评价：

> 昔太公望、周公旦受封而相见，太公问周公曰："何以治鲁?"周公曰："尊尊亲亲。"太公曰："鲁从此弱矣!"周公问太公曰："何以治齐?"太公曰："举贤而尚功。"周公曰："后世必

有劫杀之君!"其后,齐日以大,至于霸,二十四世而田氏代之;鲁日以削,至三十二世而亡。

这里对宗法封建(即"尊尊亲亲")扬抑兼至:既指出其导致国家贫弱,又揭示其国祚绵长;而与之对应的"举贤尚功"的非封建国策,可使国家强盛,又会导致争权者崛起,国祚缩短。 这显示了《淮南子》对宗法封建制的中庸态度。

在汉帝国中央集权得以巩固之际,刘安与董仲舒分别代表了"多"与"一"这两种文化取向。 当然,刘安的封建多元取向是隐藏在归服专制一统的外观之下的。

刘安的《淮南子》是从宗法封建制向专制君主制过渡的历史条件下的一种思想结集。 由于刘安的思想与武帝进一步削藩、强化君主集权的大政取向相违背,《淮南子》终被武帝所贬斥,刘安本人也在献书十余年后,因谋划叛乱,畏罪自尽。

(三)曹元首、陆士衡颂扬古封建

至魏晋南北朝,随着贵族政治的重新抬头,为封建制辩护的言论复起。 曹魏大体取秦制,虚封而不实封。《三国志·魏书·武文世王公传》称:"魏氏王公,既徒有国土之名,而无社稷之实。"对这种"虚封"深怀怨尤的宗室曹元首撰《六代论》,追述周以下六代的经验教训,称周祚长,因有封建;秦速亡,由于废封建;西汉"凿秦之失,封植子弟",故诸吕不能成事;而魏朝"尊尊之法"明,而"亲亲之法"未备,"一旦疆场称警，关门反拒，股肱不扶，胸心不卫"，大不利于朝廷安固。
文章力主早树封建，以为帝室辅。但曹元首之议并未被魏文帝
所采纳。

西晋司马氏以曹魏无"封建屏障"、孤立速亡为教训，广封
王侯，授予诸王在封国内选官、置军的权力，贵族政治、庄园
经济抬头。与之相应，出现褒扬"封建"的舆论。文学家陆
机（字士衡）撰《五等论》，援引商周古事，论"五等"（公、
侯、伯、子、男）之制的长处："昔成汤亲照夏后之鉴，公旦目
涉商人之戒，文质相济，损益有物。然五等之礼，不革于时；
封畛之制，有隆尔者。"称封建制"不革于时"。他又以"封建
制"对比"郡县制"，认为"五等之君为己而治，郡县之长为利
图物"。陆机据此力陈"封建"五等爵制的优越性，指斥郡县
制的弊端。

曹元首的《六代论》、陆机的《五等论》作为力主恢复"古
封建"的名文，流传广远，后之推崇"封建"的议论，多沿袭
其说。

三、唐代"封建论"

公元 7—10 世纪，承接魏晋南北朝数百载分裂乱世的唐
代，在中央集权与地方分权上徘徊不定，故唐朝成为讨论封建
制优劣的极盛时期。

（一）太宗复古封建意念为群臣劝阻

唐太宗曾十分迷恋"古封建"，以实"圣主"之名。贞观二年（628），他就"复封建"廷议群臣。礼部侍郎李百药以为不可；谏议大夫魏徵也说事善而不合时宜；中书侍郎颜师古则主张封建与郡县并行、王侯与守令错处，实则也是劝止"封建"。贞观五年（631），监察御史马周上疏，"昔汉光武不任功臣以吏事，所以终全其代者，良得其术"，力谏太宗吸取西汉"七国之乱"、西晋"八王之乱"教训，不可对诸王"溺于私爱"，应加节制，并以隋亡为鉴，少兴徭役，勿行世封制。唐太宗"复封建"之议，终因"大臣议论不同而止"。①

（二）朱敬则上武则天疏

武则天执政时期，封建、郡县优劣之辩复起。晋人陆机（士衡）《五等论》关于秦代短命原因在废封建、立郡县之说常被引用。正谏大夫朱敬则上疏女皇，指出秦速亡是因为"淫虐滋甚"，失在暴政，并非实行郡县制之过。朱氏指出，周代封建立足于礼乐教化，而春秋以降，礼崩乐坏，道术尽丧，人们尚诈术、贵攻战，只有实行中央集权的郡县制方可控制天下。这是较早从历史趋势评论封建、郡县的生成机制和优劣短长的议论，似可视为柳宗元《封建论》之先导。

---

① 见《旧唐书·长孙无忌传》、《文献通考》、杨慎《丹铅总录》。

（三）千古名篇：柳宗元的《封建论》

唐代比较"封建—郡县"优劣短长的最具声名的文字，当然是中唐思想家柳宗元的《封建论》。该文的核心论题为：封建究竟是"圣人意"还是"时势"所导致？柳氏开篇即指出：封建并非初古即有，而是"时势"的产物，提出"封建，非圣人意也"的命题；继而从"假物者必争，争而不已，必就其能断曲直者而听命焉"，揭示"封建"产生的动因，非在帝王的个人意志，而是由历史大势所使然，再次引出结论：

封建非圣人意也，势也。

文章在纵横比较"封建制"与"郡县制"的长短得失，论列周、秦、汉、唐两制的具体功过后，第三次称"封建""非圣人之意也，势也"，作全文之结，形成响亮有力的"豹尾"。

柳氏一再言及"封建"并非"三圣"（指文、武、周公）意志的产物，而是社会趋势所使然。这种论说的奥妙在于，消解"崇圣信古"心理深厚的国人对"封建"的迷信。而只有去除"封建""圣人意"的光环，复归其"时势"生成的真实面目，"封建制"因时变更，以致被郡县制所取代，方具有正当性。

柳宗元还从"公—私"之辨角度，将"封建论"引向深入。秦汉以来论"封建"，每以"封建制"使得权力众享，称之为"公"（公天下）；郡县制集权于一人，称之为"私"（私天下）。 而柳宗元指出，秦始皇革除封建制，动机是集权于一人，当然是为私的，"私其一己之威也，私其尽臣蓄于我也"，但这一举措有利于国家统一，顺乎历史大势，因而在客观上达到了大公：

> 秦之所以革之者，其为制，公之大者也……公天下之端自秦始。

此议颇富辩证思维意味。 在评断历史人物及其重大行为时，不为人的主观动机所遮蔽，而用力于洞察其人其事是否顺应客观的社会趋向。

四、 宋以后"封建论"的多元走向

柳宗元对于"封建"和"郡县"两种制度的生成机制及其优劣，作了鞭辟入里的历史主义论述，使"封建"一词的含义更为明确，世代沿用不辍。

（一） 苏轼、范祖禹、杨慎、汪越、魏源对柳论的申发

宋人苏轼在《论封建》中盛赞柳宗元《封建论》："宗元之论出，而诸子之论废矣，虽圣人复起，不能易也。"他"取其说而附益之曰"："凡有血气必争，争必以利，利莫大于封建。 封建者，争之端而乱之始也。 ……近世无复封建，则此祸几绝，

仁人君子忍复开之欤？"

参与司马光修纂《资治通鉴》的宋人范祖禹，在其《唐鉴》卷四中将柳宗元的"封建非圣人意也，势也"之论加以申发，从历史大势上评断"封建""郡县"之制："三代封国，后世郡县，时也；因时制宜，以便其民，顺也。古之法不可用于今，犹今之法不可用于古也。"

明人杨慎在《丹铅总录》中说，柳宗元、苏轼之论与圣人同调。他请出主张天下"定于一"的"亚圣"（孟子）来为废"封建"、行"郡县"作论证，也是精彩笔墨。

清初汪越《读建元以来王子侯者年表补》称："论者辄谓封建不行，则三代之治不复。非也。自古有治人无治法，谓封建为圣王公天下之心则可，谓天下之治安系于此，则不然。……如谓秦以孤立速亡，夫以秦之暴，即封建得无亡乎！柳子厚谓秦之失在政，不在制，非过论也。"可见直至晚近的清代，反对柳论的说法还有市场；而汪越遂重申柳宗元的论断。

晚清经世派学者多赞同柳宗元说。魏源在《治篇九》中以"封建之世"（殷周）与"郡县一统之世"（秦汉以下）为对论，说"封建之世喜分而恶合"，"郡县之世喜合而恶分"，并进而具体论析"封建"与"郡县"的利弊，指出在不同时势下，封建制的效果不同。这较之前人简单评判"封建"与"郡县"优劣的言论，更具有历史眼光。魏氏还由"柳子非封建"之议，引申出"而其用人之制，则三代私而后代公"的论断。

（二）理学诸流派的封建论

唐以后关于"封建"的历史价值，别的声音也是有的。宋代理学家多称颂"三代"的"封建""井田""宗法"之制。北宋张载说："天子建国，诸侯建宗，亦天理也。"①南宋胡寅《读史管见》认为，封建、井田皆三代盛时之制，欲行封建，先自井田始。胡宏说："井田封建，仁民之要法也。"②这都是从道德理想主义出发的"封建论"，往往被认为是陈义虽高却迂阔无用的"书生之论"。至于朱熹，则并述"封建"的短长：其长是上下情亲，久安无患；其短是若封建主不良，而世代传袭，无法更换。朱熹大体赞同柳宗元之论，批评胡宏的复古封建之说。③南宋叶适也对封建制、郡县制取平允态度，并论其短长。朱熹、叶适超越褒贬两极的评价方式，从文化史的视角，分别分析封建、郡县两制的时代性贡献，颇具历史识见。

（三）"明亡之思"与王夫之以"势、理、天"论封建

明清鼎革之际，一批思想家从总结明亡教训出发，探讨封建、郡县两制的优劣，所发议论蕴含经世卓见。

王夫之的《读通鉴论》赞同柳宗元的《封建论》，又用力于发挥郡县制的合"理"、顺"势"之义。王氏指出，郡县制取

---

① 《张载集》，中华书局1978年版，第259页。
② 《胡宏集》，中华书局1987年版，第366页。
③ 参见《朱子语类》第七册，中华书局1988年版，第2679—2687页。

代封建制的趋势,任何人也改变不了。"封建不可复行于后世,民力之所不堪,而势在必革也。"①王氏主张废封建,其意不限于加强中央集权以确保国家一统,还着眼于"民力"的承受度,其论较富人民性。

王夫之多渊渊哲思,较之柳宗元以"势"论"封建"更有深一层的开拓:于"势"后探"理"。他指出"势"的必然即为"理",从而在更高层次上揭示"封建—郡县"之辨背后的历史规律性问题。

王夫之从"公—私"之辨讨论封建问题,并有深入的剖析,认为"郡县制"不一定会延长某一王朝的寿命,但对天下苍生而言,其害小于"封建制"。其"天假其私以行其大公"之说,颇类似德国近代哲学家黑格尔"最大的'罪孽'反而最有益于人类"的警句。而在这种主观动机与客观效果颇相矛盾的现象背后,有着不以人的意志为转移的支配力量在起作用,黑格尔归之于"绝对精神",王夫之则归之为"理",终之于"天"。王夫之把秦汉唐宋以来的"封建论"推上了历史哲学的高峰。

(四)黄宗羲、顾炎武从"封建"古义引发"分治"论

明清之际另一哲人黄宗羲也用心于"封建论"。与王夫之探究"废封建"的历史必然性不同,黄氏努力从政治层面阐发

---

① 王夫之:《读通鉴论》卷二。

"封建"可资今用的积极意蕴。他在《明夷待访录》中指出"封建"与"郡县"各有其弊:"封建之弊,强弱吞并,天子之政教有所不加";"郡县之弊,疆场之害苦无已时"。他认为,最好是"去两者之弊,使其并行不悖";具体办法就是发挥"封建"之古义,建"沿边之方镇"。①

顾炎武也有与黄宗羲类似的看法,认为"封建"与"郡县"各有得失,即"封建之失,其专在下;郡县之失,其专在上";应当以古"封建"精义弥补现实的"郡县"之缺陷,即"寓封建之意于郡县之中"。②

黄宗羲、顾炎武的"封建论",要旨是以古"封建"的"分权""分治"之义,救正君主专制集权政治的偏弊。

(五)清末民初的新"封建论":地方自治论、联省自治论

至晚清,以郡县制为基石的君主专制的弊端愈益显现,而在平定太平天国的战争中崛起的湘系、淮系地方势力渐趋强劲。倡言"变法"的冯桂芬从"治天下者,宜合治,亦宜分治"的命题出发,评议"封建"与"郡县",论证"分治"与"合治"的辩证关系。他从"分治"之利进而提出"复设古乡亭"之议,即在基层设乡官、亭长,"真能亲民,真能治民,大

---

① 黄宗羲:《明夷待访录·方镇》。
② 顾炎武:《郡县论一》,《亭林文集》卷一。

小相维，远近相联"，使"风俗日新""教化日上"。①

朴学殿军俞樾撰《封建郡县说》，与顾炎武相唱和，主张"封建""郡县""二者并用，然后无弊"。

上述政论中的"封建"，要旨在于"分权"。黄宗羲、顾炎武、冯桂芬、俞樾鉴于明清专制君主集权的病端，试图以"封建"的"分权"精义，以及某些具体陈法作为救治时弊的古时丹方。

清同治以后，曾国藩、左宗棠、李鸿章等汉族封疆大吏掌握相当大的军、政、财、文权力，本为满族人所建的清王朝的中央集权呈现瓦解迹象，而地方行政之权日重，清末兴起新一轮的"封建论"。光绪中期，福建侯官（今福州）人张亨嘉作《拟柳子厚封建论》，主张在东南海疆及西北边境"分建大国"，以御外侮，文辞间亦可见黄宗羲、顾炎武"复封建以救亡"的意向。

辛亥革命前后，更有"联省自治说"出现。论者亦参酌黄、顾之议，摘取"封建"的正面价值。1908年《东方杂志》等刊发表多篇讨论地方自治的文章，如署名蛤笑的《论地方自治之亟》，从严复译《社会通诠》的"合群自治"说，论及中国的地方自治问题，认为"吾国素为宗法之社会，而非市制之社会，故族制自治极发达，而市邑自治甚微弱"，倡导市民自

———————

① 冯桂芬：《校邠庐抗议·复乡职议》。

治。① 同年《江西》刊发茗荪的《地方自治博议》，则从中国现行宪政出发，追溯古之"封建"。该文比较了古代封建、近世督抚制、今之地方自治三者的差异："古者，各君其国，各子其民，地方数千里，诸侯得此以削弱王权。今之督抚，自官制改革，财赋兵戎，悉受节制于内部。而地方自治，则令得自为设置。是以众建屏藩之制，行之中央集权之国，其究极则使民不相安，征调无度。"该文称："有自治之国民，斯有独立之国家，有独立之国家，何患无自由之宪政？"②这实为一篇近代宪政观指导下的新"封建论"。

综观秦汉、魏晋、唐宋以至近代，褒贬扬抑"封建"的论争从未止歇，表明"封建制"所代表的分权以至分裂倾向，与"郡县制"所代表的集权、统一倾向，是秦以下两千年间政制之争的焦点；而总的发展趋势是分权、分裂的"封建"逐渐退隐，集权、统一的"郡县"愈益强化。不过，诸先哲议论"封建"，虽然切入点不一、命意有别，却全都在"封土建国""等级封授"及其引申义——"分权"意义上使用"封建"一名，并无曲解。因而古来的"封建"辩议，其论点、论据可以异见纷呈，甚至截然对立，却做到了名相的贯通一致，故种种"一偏之见"皆言之成理，各类"相反之论"均能垂之久远。

① 参见蛤笑《论地方自治之亟》，《东方杂志》1908 年第三期。
② 参见《江西》第二、三期合刊。

第三节 《文献通考》及其续编的《封建考》

秦汉至明清，朝野"封建"评议此起彼伏，成为政论的重要一支。 与此相并行，史家也记载封建故实。 而关于封建最为系统、翔实的记述评析，则当首推典章制度的渊薮——《文献通考》及其几种续编《封建考》。

一、《文献通考·封建考》：集"封建"考释之大成

宋元之际史家马端临《文献通考》有三百四十八卷，分二十四类，类各有考。 其中《封建考》十八卷，逐代详述，不仅系统陈述"三代"以下直至两宋的"封建"实态，而且对历代的"封建论"加以评析，成为考释"封建"的一大"信息库"。

对于"三代"以来实行的"封建制"，马端临持一种理性的、历史主义的态度。 在《文献通考》自序中，马氏称井田、封建之制系"古之帝王未尝以天下自私之故也"，而秦废"三代"之制，是"以宇内自私，一人独运于其上"，这种说法显然承袭了宋代理学家的道德价值观，从"公—私"之辨角度对"封建—郡县"作出评判，似乎景仰"三代""封建"，批评秦的废"封建"。 但马氏决非迂腐之儒，他从中国历史的具体演

进中洞察到"复井田封建"绝无可能，从而与那种一味美化井田、封建的"书生之论"划清了界限。

马氏在回顾列朝实行"封建制"的具体情形，并总结其经验教训之后，对历代论者或褒封建（如王缙、陆士衡）或贬封建（如李斯、柳宗元）的评议，取兼收并蓄且不偏废的态度。

正是从这种平允的态度出发，马氏在《文献通考·封建考》中，客观而周详地记述了"封建制"的诸种历史形态，为后人认识此制提供了较为完备、系统的材料。

二、 诸续编的《封建考》

马端临《文献通考》之后，代有续纂。明人王圻《续文献通考》二百五十四卷，所载与《文献通考》相衔接，上起南宋宁宗嘉定年间，下迄明万历初年；其中《封建考》四卷。清中叶，嵇璜、曹仁虎奉敕将王圻的《续文献通考》重修（纪晓岚等校订），所载自南宋宁宗嘉定间至明末；其中《封建考》四卷。后又称《钦定续文献通考》。清乾隆十二年，刘墉、嵇璜等奉敕主持编修《皇朝文献通考》（又名《清文献通考》），集清初至乾隆各种文献，为清代前中期典章制度之集成，共三百卷，其《封建考》下分"同姓封爵""异姓封爵""外藩封爵"。清末民初刘锦藻承续《皇朝文献通考》，撰《皇朝续文献通考》（又名《清续文献通考》），述乾隆五十一年（1786）至光绪三十年（1904）典制，计四百卷。民国后，将续编年限延至宣统三年（1911），于1921年编成。 此书《封建考》亦分"同姓封爵""异姓封爵""外藩封爵"，记述清代中后期"封建"故实。 总体说来，诸续编详载南宋以下的封建情形，主要是展现明清实行"封建"的特点：封而不建，受封者列爵而不临民，分土而不任事。 这样的"封建"，可以说是"郡县制"的附属品和补充物。

《皇朝文献通考》的《封建考》对清代的种种"虚封"详加论列，并将秦汉以下"封而不建"的精义说得明白：

> 列爵曰封，分土曰建。建国之制，不可行于三代以后；而三代之初，亦既不胜其弊。马端临撰《封建考》，所以论建国之不可行者，其语极详。（《皇朝文献通考•封建考》）

这是清人对"封建"的总结性论断，对此周谷城赞叹道："这一段话里，真有上下千古之识。"①

三、 中国传统语境中"封建"的广义与狭义

如前所述，"封建制"创于殷周，周秦之际渐为"郡县制"取代，然而，秦汉以降列朝各种类型的"封爵建藩"举措并未止歇，一直沿至清末。 故在中国传统语境中"封建"是一个含

---

① 周谷城：《中国社会之结构》，新生命书局1930年版，第90页。

义驳杂的名目，不可笼统视之，而需加以辨析。

（一）区分"封建"的广、狭二义

西周实施封邦建国之制，自晚周以降，"封建"与"郡县"两制并行，不过秦以后"郡县制"占主导，封建仍在继续，然其内容与形态已不复旧观，故同为"封建"之名，含义有广、狭之分：狭义"封建"特指殷周政制，尤其是指西周盛行的"封国土，建诸侯"之制，其时尚无"郡县制"与之参照。西周封建，除"天子建国"（周王分封诸侯，使其建立诸侯国）外，还有"诸侯立家"（诸侯在封国内以封赐采邑方式分封卿大夫），后者在秦汉以下的"封建"中已被取消。

广义"封建"是狭义封建的延伸，指殷周至明清列朝列代的种种分封形态，包括秦汉以降在"郡县制"主导下推行的"封爵制"，内有"实封"与"虚封"之别，"实封"如汉初、两晋、明初的实封诸王；"虚封"指各种"封而不建"的情形，如秦的封爵而不授土，或明永乐以后的封爵、授土而不临民。《文献通考》还把唐末藩镇纳入"封建"，称肃宗、代宗以下，"强藩私其土地，甲兵而世守之，同于列国"，遂将唐天宝以后的藩镇列入"封建"。① 另外，汉、唐以下诸朝还把颁赐周边属国纳入"封建"，此亦为广义封建的一项内容，以清朝为例，

---

① 参见《文献通考》卷二七六《封建考十七》。

"属国"有周边的朝鲜、琉球、越南、缅甸等，皆"列为藩封"。① 后世还将军阀割据、贵族专权称为"封建势力"，也是广义封建的用法，大体切合"封建"的"分权"含义。

"封建"的狭义、广义两种用法，行之于古来多位论者和多种典籍，而上述各部《通考》中的《封建考》，对狭义及广义的"封建"各有陈述，可以从中完整地认识中国封建制度跌宕起伏、繁复多致的状貌。

（二）广义封建全景：封而且建、封而不建、建而不封

《通考》对殷周"封建"有所记述，而于秦汉以降的各种封建形态论列尤为完备，可以说提供了一幅广义封建的全景图。

西周"天子建国""诸侯立家"，是"封而且建"，封土、赐爵，任由诸侯建立有相对独立主权的国家。秦以降列朝的政策主流是排除"封而且建"的实封方式。

如果说李斯、贾谊、柳宗元的"封建论"，是以政论形式指出"实封"对君主集权政治和国家统一的弊害，那么《文献通考》《续文献通考》《皇朝文献通考》《皇朝续文献通考》的《封建考》，则以列朝各类分封（同姓封建、异姓封建，有爵无地、封地无爵，等等）的翔实记载，表明封土建国不合"三代"以后的时宜，但封爵却是帝王恩荫亲贵以拱卫朝廷的必要手段，

---

① 参见《清史稿》卷五二六—卷五二九。

故秦以后的状况如所载：

> 封建之制不可行，而封爵之制不可废……自唐宋以后，大抵皆封爵之制，而马端临概因之为封建。（《皇朝文献通考·封建考》）

明人杨慎（升庵）对此有点评：

> 三代以上，封建时也，封建顺也；秦而下，郡县时也，郡县顺也。总括之曰：封建非圣人意也，势也；郡县非秦意也，亦势也，穷而变，变而通也。[1]

这些历史陈述都强调了封建、郡县两制的出现及其此消彼长，皆非人为之功效，乃时势所造就。这些历史陈述还把狭义"封建"（"三代"封建）与广义"封建"（"三代"以下包括秦以后的各种"封而不建"）两者的联系与差异，交代得清楚明白。《皇朝文献通考》的清代编者站在清朝中央政权立场上，反对"实封"，主张"虚封"，其结论是：

> 封而不建，实万禩不易之常法。而迂儒之衿言复古者，固未足以语上下千古之识也。（《皇朝文献通考·封建考》）

---

[1] 转引自章士钊《柳文指要》（上卷），文汇出版社 2000 年版，第 69 页。

对于"三代"以下直至明清的"封建",自然不应一概论之,而当作狭义、广义之区分,正如周谷城所说:

> 在周初的时候,封建这回事,可以说是封而且建;在唐朝藩镇制下,可以说是建而不封。若其他各朝纯粹位置宗族、亲戚、功臣的所谓封建,真只是封而不建。①

周初的"封而且建",是"封建"本义,此为狭义"封建";后世的"建而不封""封而不建",则属广义"封建"。吕思勉综合狭义、广义,对"封建"的核心内涵作精要概括:

> 封建者,一统之反也。②

而"叛民叛将之割据",系"统一之梗"③,当然划入"封建"行列。 民国时期,人们在"军阀"前冠以"封建",称"军阀割据"为"封建割据"④,也属广义"封建"之说。

了然"封建"的各种历史形态("封而且建""建而不封""封而不建"等),有助于把握中国古代社会制度的复杂情状,不至于将"封建"名目下的种种政制混为一谈。 同时也可以明

---

① 周谷城:《中国社会之结构》,新生命书局 1930 年版,第 90—91 页。
②③ 吕思勉:《中国制度史》,上海教育出版社 1985 年版,第 442 页。
④ 参见范文澜《中国通史》第四编第一章第一节:"宋太祖赵匡胤推翻后周,建立宋朝,结束了五代十国时期的封建割据。"

白，汉语词汇"封建"在用法上固然有狭义、广义之别，但"封土建国""列爵建藩"的基本含义却是自古一贯的。不过，自秦以后，"封"或"建"都在不同程度上发生了变异。秦至清的两千余年，政制的主位是服务于君主集权的"郡县制"，"封建制"不过是辅助性的偏师，两种不同的政治制度镶嵌并存，统归于专制主义君主集权政治的总流之下。

第二章

中外通约

第一节　西欧中世纪社会及其术语 feudalism 厘定

　　"封建"从汉语之古典义转变为近代新名词，是在近代中国与日本两国士人以"封建"对译英文术语 feudalism 的过程中完成的。因此，探究"封建"的内涵与外延，还须考察西欧 feudalism 的制度及概念的历程。

一、西欧中世纪社会制度的来龙去脉

　　西欧中世纪的 feudalism 是由罗马的社会组织与日耳曼人的军事组织糅合而成的一种社会制度。

　　罗马帝国境内原有许多贵族和大领主，他们世袭占有庄

园，驱使奴隶耕种劳作，在罗马帝国后期形成隶农制、庇护制、庄园制和大地产。由于罗马帝国承续着中央集权力量，领主们未能正式割据，但此种"罗马因素"成为后来 feudalism 的源头之一。

日耳曼蛮族南迁以前，尚处于氏族制社会，各氏族、部落有军事组织"战友团"（comitatus），首领与部属间形成了有着强烈人身依附关系的组织。这些由"附庸制""保护制""委身制""效忠精神"组成的"日耳曼因素"成为西欧 feudalism 的又一源头。

5 世纪初，日耳曼蛮族越过多瑙河南迁，使罗马的集权寡头瓦解，奴隶制也随之崩溃，而原罗马帝国境内广泛存在的领主庄园却得以存留，蛮族带来的部落习俗与领主势力结合，在原属罗马的广袤土地上建国称王，又将土地及由奴隶和失去田产的自耕农转变成的农奴（serf），分封给各"战友团"首领，并赐公、侯、伯等爵位，谓之"封建"；公、侯、伯等诸侯又将分封所得的采邑连同居住其上的农奴分封给属下的武士，并赐予子、男、骑士等爵位，谓之"次分封"。在这种层层分封中，各级封建主因土地占有和人身依附关系而结成封建君臣等级，在上的称"封君"，在下的称"封臣"，彼此各尽义务：封君授予封臣采邑及农奴，并提供保护；封臣对封君宣誓效忠，奉召为其服军役，并提供财赋。这种"封君—封臣"关系，在西欧各地于 9 世纪以后逐渐形成。在西欧的封建国家，皇帝或国王高居最上阶层；中间层为各种爵位等级不同的世袭贵族，统称"骑士阶层",以征战为业;最下层的是人数众多的从事农业、手工业及各种劳役的农奴或农民,形成一种金字塔式的封建等级架构,而分封采邑(连同农奴)是此制度的基础。

西欧的封建制有一长期演化过程:6—8世纪是封建史前阶段,可称"准封建期",领主与附庸尚无明确的法定关系;9—10世纪以降是"封建成熟期",领主与附庸间有成文的"封建契约";14—16世纪是"封建晚期";16世纪以后,西欧各国先后进入现代民族国家创建阶段,专制王权趋于强化,但封建制的余韵流风一直延续着。 17—18世纪是西欧封建制解体、向近代社会转化的时期。

二、feudalism 释义

feudalism 一词,自拉丁文 feodum(采邑,又译封地,意谓采取其地赋税)演化而来,与中国古来的"封建"一词的"封土建国"含义有相通之处。

西欧学术界有一个发现、确认作为社会制度的 feudalism 的漫长过程,亦即有一个"关于封建主义的史学史"(The Historiography of Feudalism)。 它大约完成于16世纪末至19世纪初。"年鉴学派"第一代学者费弗尔、布洛赫,第二代学者布罗代尔(F. Braudel)都对用 feudalism 统称11至15世纪整个欧洲的社会制度持保留态度。 然而,在歧异的各国中世纪社会形态中,毕竟可以寻觅到某些共通的、普遍性的要素,故

以 feudalism 指称西欧中世纪制度，20 世纪以来大体成为通用
的说法。

西方史学界经过长期研讨，人们对于西欧中世纪政治制度
feudalism 的含义已大体取得共识：第一，土地领有是一种政治
特权。经由自上而下的层层分封，建立起"封主—封臣"支配
关系，形成人身依附，封臣对封主尽忠，执行军政勤务，封主
对封臣则有保护义务；在经济上，二者通过恩贷地制实行物权
分配。第二，自然经济占统治地位，形成自产自销、自给自足
的封闭式"庄园经济"。第三，国家权力分散，大小诸侯在领
地内世袭拥有军事、政治、司法、财经权，国王与各级诸侯、
武士形成宝塔式的等级制。第四，超经济剥夺。封臣以领主
身份将领地交由农民（农奴）耕种，领主对农民（农奴）有法
定的超经济强制。

三、中国、西欧比较："宗法封建"与"契约封建"

feudalism（封建制度）是以多种形式存在于世的，而且各
地封建制在不同阶段的表现也不尽相同。

（一）广义 feudalism（封建制）

feudalism 在西方语境中有一个从狭义到广义的发展过
程。狭义封建本指西欧中世纪某些地区、某些时段出现的采
邑制及其派生物，主要是指等级不同的领主间的"封君—封

臣"契约关系，尚不包含领主与农奴间的关系。后来，feudalism 的外延逐渐扩大，指整个西欧社会所实行的政治—经济制度，进而更拓展为一种普世性的制度与社会形态，从而形成广义封建概念。广义封建概念的覆盖范围已溢出西欧一隅，广被世界多数地区，于是有"波斯的封建制""印度的封建制""中国的封建制""日本的封建制"等提法。总体而言，欧美史学界多从 feudalism 的含义（封土封臣、领主庄园、农奴制、政权分散等）出发，考察世界各地的封建制，包括中国的封建制。

西方（欧美与日本）史学界的主流认识是，在"封土建国""主权分散"含义上，中国殷周的封建制度，以及一定意义上的两晋南北朝的门阀贵族制，与西欧中世纪的 feudalism 在形貌上有类似之处：土地、人民和权力被层层分封；领有家邑、采地的世袭贵族，对上面的王者承担军事及财赋义务，是依附于封君的封臣，同时又具备政权独立性；对下面的采邑内的附庸及庶众，世袭贵族则是政治、经济上的主宰者。这些特征是东西方封建制度所共有的，虽然二者的内里结构和宗旨又存在明显差别。

（二）中西封建制之同与异

从制度层面论之，中西封建制的差异可作如下分析：周代封建制是周人征服东方，为管辖广土众民而利用宗法系统建立起来的政治—经济制度。周代的主从关系（君臣关系）较具血缘纽带性和伦理色彩（德治）；而西欧中世纪的 feudalism 则是在罗马帝国的中央集权崩解后出现的，其时战乱频仍，匪盗横行，民众需要地方上握有强权的贵族出面保护，强权者则通过提供保护以赢得对民众和土地的控制，于是彼此建立一种互惠性契约关系（reciprocity contract）：封邑领主对附庸提供治安，而附庸则把土地及种种权利（包括新婚初夜权）交付给封邑领主，以赢得庇荫，故西欧中世纪的 feudalism 较具契约性。这种契约形式逐渐法定化，而在国王—贵族—骑士间确立封建关系时显得尤其正规：在教会主持下，封臣对封主宣誓效忠，以确定主君对封臣的支配权，以及主君与封臣相互间的义务。如果没有履行这种法律程序，便不存在主君—封臣间的契约关系。有欧洲谚语曰："我的封臣的封臣不是我的封臣。"原因是封臣（或陪臣、附庸）只对他宣誓过的主君效忠，无须对主君所要效忠的主君称臣。

　　西欧的 feudalism 本为一个契约形态的法律术语，含义包括强权者对弱者的"保护"和弱者为强权者"服役"这两个侧面，故西欧的 feudalism 可称为"契约封建制"。① 与之相比照，中国西周的封建制，是作为军事征服者的周天子将土地与人民封赐给子弟及功臣，臣属继续往下作"次分封"，领主与附

---

① 西方学者大多强调西欧的封君封臣关系是一种契约关系。也有学者指出，这种关系并非自愿，它是一种人身依附关系。亨利·梅因讲，近代化进程是"从身份到契约"，即指出封建时代的身份性特征。以上参见马克垚《英国封建社会研究》，北京大学出版社 2005 年版，第 119—120 页。

庸间没有契约可言，而是由宗法关系相维系，通过血缘纽带及血亲伦理实现领主对附庸的控制（当然又以武力征服、军事震慑为实行控制的基础），故可称之"宗法封建制"。

第二节　欧日封建制的"酷似"

一、英国首任驻日公使欧卢柯库：日本是"东洋版 feudalism"

1859 年，英国外交官欧卢柯库（Sir Rutherford Alcock，中文名"阿礼国"）来日本，任驻日本总领事兼外交代表，1860 年升为首任驻日本公使。1863 年，他依据自己驻日三年的经历，撰写了名为 *The Capital of the Tycoon: A Narrative of a Three Years Residence in Japan*（2 Vols, New York）的书。1949 年山泽种树将此书大部分译为日文，以《在日本滞留的三年间》为题出版。后来山口光朔翻译了全书，名为《大君之都》，1962 年岩波书店以上、中、下三册出版。欧卢柯库在序言中说：

　　日本人及其生活现状，与数世纪前欧洲相似，其社会形态与欧洲过去的封建时代的特征相似。日本史上的封建制度,其主要特征,与欧洲封建制度大体一致。①

《大君之都》第五章再次称日本为"封建制度的东洋版",
说江户时代的日本类似英国的金雀花王朝。书中一再称日本的
统治者为"封建诸侯""封建领主",还认为"现在的日本"诸
多本质可比之于"数世纪前的西洋",希望历史学家对此作"周
到系统的研究"。②

欧卢柯库关于日本的种种评析,是 19 世纪中叶颇有史学素
养和历史感觉的西欧外交官以亲身体会在日本得出的结论,甚
具比较史学价值。欧卢柯库可以说是以 feudalism 表述近世日
本社会制度的第一人。

二、 留学德国的福田德三在课堂上的"会心之笑"

日本经济史学家福田德三,1898 年留学德国,1900 年他用
德文发表 *Die Gesellschaftliche und Wirtschaftliche Entwickelung in
Japan*。 该书被坂西由藏译成日文,题为《日本经济史论》,
1907 年 4 月(东京、大阪)宝文馆出版。 关于这本书的写作缘
起,福田德三留德期间的德国老师、经济史教授布伦坦诺

---

① 参见 [英] 欧卢柯库《大君之都·序文》,[日] 山口光朔译,岩波书店 1962
年版,第 39—40 页。
② 参见 [英] 欧卢柯库《大君之都》上,[日] 山口光朔译,岩波书店 1962 年
版,第 40 页、第 188 页。

（Lujo Brentano）1900 年 12 月为该书所作的序言《日本论》里有具体记述：

> 近来，我在听讲学生中发现了一个非常聪明的日本人，就是福田德三……在我的经济史的课上，我常见他目光炯炯，面露微笑。一天，我问他微笑的缘故，他便答道："我听先生所讲的欧洲经济史论，都和日本的历史一样。"于是，我嘱咐他把日本的经济史介绍给欧洲的读者。①

此一生动描写，透过欧洲教师的眼光，展现旅欧日本学人的观察与感受，反映出日、欧封建制的近似性。 这与此前旅日的欧洲目击者的观察结果彼此呼应。

12 至 19 世纪，日本由征夷大将军的幕府与被其封予的地方上的世袭军事贵族（武士）分享权力，建立起以政治分权、领主经济为特征的封建制度，尤其是江户时代的"幕藩体制"，同中国周代封建制、9 至 15 世纪西欧 feudalism 确有近似之处，与中国秦汉至明清以中央集权的郡县制和地主自耕农经济为特征的社会则区别明显。 而日本近代化过程之所以较为便捷，原因之一在于日本的前近代社会形态与西欧酷似，都经历

---

① ［德］布伦坦诺：《日本论》，［日］福田德三：《日本经济史论》，序言，［日］坂西由藏译，（日本）宝文馆 1907 年版，第 11—12 页。

过"封建制度"。 这也是"封建"与 feudalism 在日本达成对译
的重要基础。

第三节　新名"封建"在日本的确立

一、"籍土""封建"对译 feudalism

幕府末年, 铃木唯一将英国法学家奥波尼·弗恩伯兰克
(Albany de Fonblanque) 所著 1862 年伦敦刊印 *How We Are
Governed* 一书译成日文, 题名《英政如何》, 1868 年由九潜馆
出版。 其第一卷"英国制度之事"中有"封建"一词的用例:

> 自诺曼底国之威廉攻取英国之后不久, 封建之制度行
> 于欧罗巴洲过半, 威廉王亦取用之于英国。①

日本汉学者长三洲 1870 年 7 月发表《新封建论》, 将欧罗
巴诸国制度称为"籍土之制", 与"封建之制"作近义短语
使用。

_____

① ［英］奥波尼·弗恩伯兰克:《英政如何》初卷, ［日］铃木唯一译, （日本）九
　潜馆 1868 年版, 第 2—3 页。

1870 年冬至 1873 年，日本启蒙思想家西周在学塾讲义《百学连环》中述曰：

> Feudal System（籍制）即封建制也。此封建，和汉西洋皆同也。①

西周还参考西方学者之论，将人类历史划分为先后承续的三个场次：

> 古昔神统政治即第一场也；中古封建即第二场也；当今国君政治即至第三场也。②

西周又对此说加以修正：

> 于今观之，以神统政治及封建政治合为第一场；国君政治为第二场；其成第三场者为 World Republic & Eternal Peace（四海共和，无疆治体），世界之治之极度也。③

---

① ［日］西周：《百学连环》，《西周全集》第 4 卷，（日本）宗高书房 1981 年版，第 231 页。
② ［日］西周：《百学连环》，《西周全集》第 4 卷，（日本）宗高书房 1981 年版，第 213 页。
③ ［日］西周：《百学连环》，《西周全集》第 4 卷，（日本）宗高书房 1981 年版，第 213—214 页。

西周所用"封建政治"一词，没有与"国君政治"（即君主专制）相连用，显然"封建"是取义"封土建国"，此制上承氏族时代的神统政治，下启君主专制政治。此一"封建"，虽沿袭汉语古典义（封土建国），却在对译英语 feudalism 时发生重大引申，从指一种政治制度的旧名，演变为表示一种普世性的历史阶段的史学术语。

1874 年，西京书林文求堂刊行黑田行元著《政体新论》，其中列有"封建""郡县"二目，称：

> 西洋谓籍土之制，颇似封建之制。①

黑田行元指出，中国的封建始于上古建国，止于秦始皇；又指出古印度实行封建制，西洋自罗马分崩离析后也实行封建制，日本的武将政治也实行类似西洋封建、中国先秦时的诸侯制。他把"封建"视作一种普世制度，其内容为封土建国、封土封臣、诸侯割据等，实际上是以古汉语词"封建"与西语 feudalism 相对应。

二、新名"封建"的确立

日本启蒙思想家福泽谕吉 1875 年出版《文明论概略》，介

---

① ［日］黑田行元：《政体新论》，（日本）文求堂 1874 年版，第 5 页。

绍法国史学家基佐的观点，把"封建割据"的时代称为"フュータンル・システム（Feudal system）之世"，又具体论及日本与西欧各国社会各自独立发展的三个阶段：未开、封建、富国强兵。 这里的"未开"指前文明时期；"富国强兵"则是"文明"（指近代资本主义）的另一提法；而"封建"居二者之间，略指日本的中世及近世、西欧各国的中世纪。 此"封建"便从表述政治制度的旧名演化为表述历史阶段的新名。

由此种封建观出发，日本人以"封建制"翻译 feudalism 一词，如永峰秀树于 1875 年翻译的《欧罗巴文明史》第四卷《封建政体》题下注释曰：

> 兹所称封建政体，其原文乃称为 feudal system，然其与封建政体之本意未合。当时，欧洲并无帝王在上，仅以豪强者胁从寡少人民等，动辄各恣一方，称雄割据，充塞各国而已。其形态虽似周朝封建末之春秋战国，然又不尽相同。假使春秋战国之世，上无周室，诸侯弱小，且又无知，未懂合纵连横之事，与世无交往，终日不离其巢窟，则该时代与兹所言者形态恰似，权且命名而已。①

明治年间的日本辞书也反映出以"封建"对译 feudalism 的

---

① ［法］基佐：《欧罗巴文明史》第四卷，［日］永峰秀树日译，（日本）奎章阁 1875 年版，第 1—2 页。

过程。 在日本的美国基督教传教士平文（J. C. Hepburn）编
撰的《和英语林集成》第二版（1872 年）收录"封建"一词，
英文译释为"The feudal system of government"；柴田昌吉、子
安峻编的《附音插图英和字汇》（日就社 1873 年）将"封建
的"收在 feudal 词条下。 明治中后期，日本已普遍使用对译
feudalism 的"封建"一词，并由此词根派生出"封建制度"等
新名。 1882 年日就社出版的《增补订正英和字汇》即以"封建
制度"译 feudalism。

总之，明治初中期日本已普遍用"封建"一词对译
feudalism，"封建"由原指西周分封的旧名，引申为表述一种普
世性历史时代的新名，而此一新名的内涵融通古汉语义与西
义，包蕴"封爵建藩""封土封臣""领主采邑"诸义。

第四节　清末民初采用融通古义与西义的新名"封建"

19 世纪 40 年代中西人士即有以"封建"对译 feudalism 的
最初尝试。 而新名"封建"在日本确立之时，也是中国人开始
关注明治维新之日。 借用包括"封建"在内的日译新名也自此
开启端绪。

一、黄遵宪《日本杂事诗》《日本国志》的"封建"用例

黄遵宪是中国基于体验考察系统介绍日本明治维新的第一人。1877—1882年，他以清王朝驻日本使馆参赞身份在日本度过四年多，写下《日本国志》和《日本杂事诗》。

(一)《日本杂事诗》的"封建"用例

《日本杂事诗》初版于1879年，纵议日本国史、政情、民俗；关于日本政体在"封建"与"郡县"之间的发展与变化，多有涉及。黄氏在注《日本杂事诗》第三十一首"国造分司旧典刊，华花莫别进贤冠。而今指令诸台省，押印唯凭太政官"之句时曰"犹变封建为郡县也"，此为画龙点睛之笔。1890年，黄氏在伦敦改订《日本杂事诗》，上述诗句变为："国造分司旧典刊，百僚亦废位阶冠。紫泥钤印青头押，指令惟推太政官。"大意略同，而变封建制为中央集权制的含义更加明确。在这段诗作后，黄氏所加注文曰：

> （日本）上古封建，号为国造。奉方职者，一百四十有四。后废国造，置国司，犹变封建为郡县也。天智十年，始置太政大臣(三公首职，犹汉相国)、左大臣、右大臣，相沿至今。然自武门柄政，复为封建，太政官势同虚设。明治维新后，乃一一复古，斟酌损益于汉制、欧逻巴制，彬彬备矣。曰

太政官,有大臣参议,佐王出治,以达其政于诸省。①

黄遵宪的历史观念相当先进,对日本从古代到近代政治体制的变迁梳理得十分清晰:日本古代由"封建"变"郡县";中世又从"郡县"复为"封建";明治维新参酌中国秦以来的郡县制、欧洲各国近代政制,从"封建制"走出,建立太政官制。

（二）《日本国志》的"封建"用例

黄遵宪的《日本国志》1887 年成书,1896 年出版。其中也论及日本"封建"历程:古代各州遍设朝廷任命的国司、郡司,"一变而为郡县";至镰仓幕府时期,"裂地以授家臣","地头往往世袭,国司不复赴任,于是封建之渐成",经足利时期,至德川时期达于完备;明治维新在"复古"名义下,变"封建"为"郡县":

> 明治四年废藩置县,复为郡县之治,凡五畿七道七十三国,二京三府六镇三十六县。（《日本国志·地理志》）

诗文中,黄遵宪未对"封建"下定义,然考其语境,黄氏的"封建",古义与近义、中义与西义贯通无碍,实属高明之语

---

① 黄遵宪著,钟叔河辑注校点:《日本杂事诗广注》,湖南人民出版社 1981 年版,第 67 页。

用，是清末民初开眼看世界的士人使用新名"封建"的先导。
戊戌变法前夕，中国报刊常称日本江户时代为"封建"、称明治
维新为"废封建"，如《时务报》1897年7月29日载文曰："日
本既废封建制度"，"当是时民间风气大开"；《知新报》1898年
7月9日载文曰："善夫，日本之维新也……削大将军之权，移
封建为县郡，知县以亲王领之，故下情无不上达。"此种"封
建"用例，都与黄遵宪诗文一脉相承，遵循"封建"古义与西
义相通约的理路。

二、梁启超兼容古义与西义的"封建"观

中国人较自觉地将"封建"作为表述历史时代的新名使
用，开端于黄遵宪的友人、"新史学"开创者梁启超。

（一）以"封建及世卿之世"表述氏族制与专制帝制之间的封建时代

梁启超以"封建"一词划分历史阶段，始于1897年发表的
《论君政民政相嬗之理》①。该文仿《公羊传》"三世说"，将
历史分为"多君为政之世""一君为政之世""民为政之世"三
阶段。这种划分显然参酌了西方史学的古代"多头政治"、中

---

① 《时务报》第四十一册，上海：时务报馆，1897年农历九月十一日，第1—
4页。

世"君主政治"、近代"民主政治"的三段划分法。 梁氏又将古代的"多君为政之世"区分为前、后两阶段:"一曰酋长之世,二曰封建及世卿之世。""酋长之世"即氏族制时代;"封建及世卿之世"即实行分封制、世卿世禄制的封建时代。 对此,梁氏解说道:

> 封建者,天子与诸侯俱据土而治,有不纯臣之义……诸侯与天子同有无限之权,故谓之多君。

他以"多君"释"封建",点出"封建"的特征,又将"封建及世卿之世"视作一个历史时代,上承氏族时代("酋长之世"),下接集权帝制时代("一君为政之世")。

梁氏将"封建"视为一种世界性的历史过程。 他基于初步的中西比较,指出"封建世卿"制是多国现象,难以退出政治舞台:

> 世卿之多君,地球各国,自中土以外,罕有能变者。日本受毒最久……直至明治维新,凡千余年,乃始克革。今俄之皇族,世在要津。英之世爵,主持上议院,乃至法人既变民政,而前朝爵胄,犹潜滋暗窥,渐移国权。盖甚矣,变之之难也!

戊戌变法失败后的 1898 年秋,梁启超开始流亡日本,其西学水平大有提高，之后所撰论史文章，继续在"分封""分权"的本义上使用"封建"一词，并参考日本人所译西方历史分期专词，采用"封建时代""封建制度""封建社会"等日制汉字新短语。

（二）"封建时代"与"统一时代"相对应

梁启超在 1899 年发表的《论中国与欧洲国体异同》①一文，论及中国与欧洲国体相同之处：都依次经历了家族时代、酋长时代、封建时代。梁氏把中国周代国体与古希腊国体相类比，又将"封建时代"与"贵族政治"作近义短语并列使用。

> 中国周代国体，与欧洲希腊国体，其相同之点最多，即封建时代与贵族政治是也。彼此皆列国并立。

梁氏明确地将秦以后的两千余年归为"封建时代"之后的另一时代，名之为"统一时代"，并认为"是为中国国体与欧洲大异之一事"。这表明，梁氏既采用来自西方的术语，又区分中西历史的差异，不以西方史序列套用中国史。

1901 年，梁氏发表《中国史叙论》②，其第八节"时代之

---

① 《清议报》第二十六册，（日本横滨）清议报馆，1899 年农历八月初一日，第1—5 页。
② 《清议报》第九十册，（日本横滨）清议报馆，1901 年 9 月 3 日，第 1—5 页。《清议报》第九十一册，1901 年 9 月 13 日，第 1—4 页。

区分"参照西洋人所著世界史的"上世史、中世史、近世史"
划分,将中国史分为"第一上世史　自黄帝以迄秦之一统,是
为中国之中国";"第二中世史　自秦一统后至清代乾隆之末
年,是为亚洲之中国";"第三近世史　自乾隆末年以至于今
日,是世界之中国"。在论及上世史时,他指出此一阶段的
特点:

> 是为中国之中国,即中国民族自发达、自竞争、自团结
> 之时代也。其最主要者,在战胜土著之蛮族,而有力者及其
> 功臣子弟分据各要地,由酋长而变为封建。

他将周人东进、实行封建制,作为中国上世史最主要的标
志性内容。至于中国的中世史,梁氏则称之"君主专制政体全
盛之时代"。

总之,梁启超将"封建时代"视为中国古史的一个阶段。
他认为,在"封建"与"近代"之间,有一漫长历程,或名之
"统一时代",或名之"君主专制政体全盛之时代"。他还致力
于探究中国封建制的特色,并由此追究中国历史走向的缘由。

(三)"封建制度"与"专制政体"相对应

1902 年梁氏发表《中国专制政治进化史论》①,其第二章

---

① 《新民丛报》第捌号,(日本横滨)新民丛报社,1902 年 5 月 22 日,第 19—
28 页。

为"封建制度之渐革"（由地方分权趋于中央集权）。梁氏言：
"封建何自起？起于周。封建云者，以其既得之土地而分与其
人之谓也。""自秦以来，天下几一家矣，以二万余里之大地，
而二千年来常统制于一王，此实专制政体发达之最明著者
也。"指出其开端："及秦始皇夷六国，置郡县，而封建之迹一
扫。"这显然是从"封土建国"义上谈"封建制度"的，明确地
称周制为"封建制度"，秦以后则"封建之迹一扫"。该章"附
论　中国封建之制与欧洲日本比较"，区分中国、西欧、日本封
建制度起承转合的差异，颇富通识。

梁氏认识到中国、欧洲、日本都有过土地、人口分封的
时代，而中国与欧洲、日本的差异在于，欧洲有市民社会、
市民政权，中国则无；日本有士族阶层，中国则无，这便导
致了欧、日"封建灭而民权兴"，中国"封建灭而君权强"。
这一论述卓有见地，却又稍嫌简单，然其所用"封建"一
词，较好地实现了中—西—日史学术语的通约；其关于中、
欧、日封建制历史演进路径的思考，又显示了一种政治理念
的前沿性。

梁启超论以观点多变著称，但在新名"封建"的运用上，
他却做到了概念首尾一贯，坚持了原义与西义的统一。这是他
"凭借新知以商量旧学"的治学方针的成果。在他那里，"封
建时代""封建制度""封建社会"等短语也被较早使用，初步
实现了中西义的涵化、古今义的合理转化。总之，梁氏之论
"封建"，涵容古今，兼及中外，概念因革有度，不愧为中国近

代史学的开山者。

三、严复：以"封建"翻译 feudalism

严复等从事中英翻译的中国学者，将 feudalism 与"封建"在"封土建国"义上加以对接，虽时间在日本以"封建"翻译 feudalism 之后约三十年，但并非转用日本译名，而是直接从西语译来，故仍可视作中国富于中西文化通识的翻译家的创获。

（一）从音译"拂特"到意译"封建"

严复"于中学西学，皆为我国第一流人物"（梁启超语），对中西"封建"义兼有认识，把传统的文字学功夫引入译事，以字释史，在翻译时慎择汉字词与外来术语对应，常常经历了某个术语从音译到意译的转变。1897 年以后的三年中，严氏翻译亚当·斯密的《国民财富的性质和原因的研究》（严译名《原富》），对 feudal 取音译，谓"拂特"，或取音意合译，谓"拂特之制""拂特之俗"。他在按语中解释道："顾分土因而分民，于是有拂特之俗。"1903 年，严复翻译穆勒的《群己权界论》，仍将 feudal 音译"拂特"。1904 年，在其所译《社会通诠》中，严氏将 feudalism 意译作"封建之制"（有时也音译"拂特"或音意合璧译"拂特封建"）。该书这样界定"封建时代"：

　　总而论之,则封建时代,其一群生养形制,大抵尽成拂特之规。其民之以等次相治也,与宗法社会不相悬殊,而其所悬殊,而其所绝异者,民居宗法社会之中,其所受于群者,以其为一群之分子,自有生而定。至于拂特之世,民一身厕于社会,一切权利,皆有所受而后然,亦皆有应尽之职役,以为酬于其上。①

　　对"封建于社会天演为何阶级"(封建在社会进化史上处于什么阶段)这一问题,该书这样回答:

　　封建者,宗法、军国二社会间之闰位也。②

　　"闰位"本指非正统的帝位,这里指"封建"是宗法社会与近代国家社会之间的过渡时段,意谓封建制出现在氏族制末期和近代社会初期之间。《社会通诠》将社会进化分为三个阶段,即蛮夷社会(亦称图腾社会)、宗法社会、国家社会(亦称军国社会),从第二阶段过渡到第三阶段时中经"封建时代"。严复在译者自序中介绍甄克思的历史分期观点:"始于图腾,继以宗法,而成于国家。""由宗法以进于国家"有一过渡形态:

---

① [英]甄克思:《社会通诠》,严复译,商务印书馆1981年版,第74页。
② 严复:《译〈社会通诠〉自序》,《严复集》第一册,中华书局1986年版,第135页。

二者之间,其相受而蜕化者以封建。方其封建,民业大抵犹耕稼也。①

这段文字值得注意处有二:其一,把古代宗法社会向国家社会(指统一的中央集权的国家)过渡演变的中间环节称为"封建"。其二,封建社会是定居农耕文明的产物。这是很有世界史通识的见解。

(二)严复"封建"语用兼容古义与西义

经严复的翻译与诠释,"封建"从原指一种政制举措(封爵建藩)的旧名词,演变为指一种社会制度、历史时段的新名词。严复发现,中西历史虽有差异,但也有共通之处,所以在1905年所撰《政治讲义第二会》中指出:"国家为物,所足异者,人类不谋而合。譬如我们古有封建,有五等,欧洲亦有封建、五等。吾古有车战,西人亦然。"故严译"封建"在向新名转化的过程中,并未与旧名本义(封土建国、封爵建藩)脱钩,而是沿着旧名本义指示的方向作合理引申,并与对译词 feudalism 的含义(领主制、采邑制)彼此契合,从而达成古义与今义的因革互见、中义与西义的交融涵化。

---

① [英]甄克思:《社会通诠》,严复译,商务印书馆1981年版,第75页。

严复称中国的"唐宋间"（9 世纪左右）欧洲才迈进"封建社会"门槛，"前今一二百年"（18 世纪前后）方结束封建制度。 这一论述遵从欧洲史学界关于西欧封建社会的起讫判断。值得注意的是，严氏并未将中国与西欧封建社会的时间段硬性拉扯到一起，而是指出中国的封建时代（夏、商、周三代）大大先于西欧。

严氏注意到"郡县制"与"封建制"土地制度上的差异："阡陌土田"即重新规划土地，裂旧阡陌（田界）为新阡陌，变井田制为土地私有制。 他还点明：尧舜至周末两千载为"封建之时代"；而商鞅变法、秦始皇统一天下，行郡县，开阡陌，成一新时代。

在严复看来，中国的封建时代，起于唐虞（尧舜时代），讫于周末；与西欧封建制内容相近，然在时间上相错甚远。 至于秦汉以后，严复称为"法专于国主""侵夺民权"的"霸朝"（即专制帝制），并以"军国社会"借指秦以后宗法封建制消解后的社会。

严译"封建"蕴含的概念，兼容该词的古汉语义与西洋feudal 的含义。 他用此一古今融会、中西通约的新名"封建"，表述中国、西欧历史中不同时段的近似制度，从而指示了"封建"这一新名运用的合理途径，后之译者多沿袭之。 然而，自五四时期以后，尤其是中国社会史论战以后，"封建"渐被滥用，与严译的内涵、外延均相去甚远。

四、章太炎：前近代中国"去封建远"，日本"去封建近"

（一）从抑制君主集权角度肯定"封建"

章太炎是从中国传统史学视角讨论"封建"的，大体承袭顾炎武之说，从"分治"意义上探究"封建"的价值。章氏在《藩镇论》（发表于 1899 年 10 月）开篇中指出："自封建之法不行于后世，于是策时事者每以藩镇跋扈为忧，是其言则孤秦陋宋之冢嗣也。"[①]章氏把封建制必然导致藩镇割据的言论斥为"孤秦陋宋"，原因在于他对专制君主集权深恶痛绝而向往宪政式分权，故寄望中国现实社会中的"藩镇"（借指清末执掌地方大权的督抚，如张之洞、刘坤一辈）在君主专制向宪政转变过程中发挥积极作用。

章氏谓"削藩镇以遂一二肺腑贵人之专欲者，天下之至私也"，实指清王朝企图借"立宪"之名将封疆大吏的权力收归满洲亲贵。然而日本幕末维新过程中一些藩国对社会改革发挥积极作用的事实启示了章氏。他期待中国的封疆大吏仿效日本萨摩、长州等西南强藩支持维新，维新后又将藩地交还朝廷，如能这样，藩镇就是一种积极力量，成为推进社会进步的因素。

还是在 1899 年，章太炎又作《分镇》，在征引唐人马周、

---

① 章太炎：《藩镇论》，《章太炎政论选集》上册，中华书局 1977 年版，第 99 页。

李百药、柳宗元批评"封建制"、倡导"郡县制"的名论之后，指出这些言论产生在国家清明之时，"未有外侮，其论议固足以自守也"，而宋代外患严重，"李纲始有分镇之议"。纵观历史，章氏认为"封建之说未必非，而郡县之说未必韪也"①。

1900年，章氏鉴于戊戌政变、庚子国变的事实，作《分镇匡谬》，文中对封疆大吏和新派人物都颇为失望，对先前的寄望于封建（分镇）的论说作出修正。

章太炎是基于"封建"本义讨论中外"封建制"的，并不认同将"封建"对应西洋术语。严复在译作《社会通诠》中以"封建"对译 feudal，为中国人引入一种新的历史分期框架：蛮夷社会—宗法社会（其前段为封建时代）—军国社会，梁启超及陈独秀都受到严译的影响；而章太炎则立足于中国文化本位，力驳严译。章氏1907年发表《〈社会通诠〉商兑》，批评严复译《社会通诠》时构筑的历史分期："泰西郡籍"所列"条例"，不能照套"亚东之事"；若论及亚东史迹，"则其条例又将有所更易矣"。他说：

心能流衍，人事万端，则不能据一方以为全概。②

这里的"一方"即指西方。章太炎不赞成以西方史学框架

---

① 章太炎：《分镇》，《章太炎政论选集》上册，中华书局1977年版，第104页。
② 章太炎：《〈社会通诠〉商兑》，《民报》第12号，1907年3月。

概括中国历史实际,因而不认可严复将"封建"对应 feudal 的译述。

(二)以"封建"比附"代议政体"

随着西学知识的增长,章太炎的观点后来也有所发展,开始用"封建"类比某种西洋制度。在 1908 年 10 月发表的《代议然否论》中,章氏不仅将英国式的"代议制"称"封建之变相",而且认为"迄汉世去封建犹近,故昭帝罢盐铁榷酤,则郡国贤良文学主之,皆略似国会"①。他认为"封建"包含"分权""众议"诸义,故将"封建"与"议院""国会"相类比,与"专制"相对立。章氏之论"封建",非止于议史,而是借以评今,试图发现古今政制间的联系。

章氏通过中外比较,敏锐地洞察到,前近代中日两国政制的重大差异,即两国近代化的基点不同:

> 议者欲逆反古初,合以泰西立宪之制,庸下者且沾沾规日本,不悟彼之去封建近,而我之去封建远。去封建远者,民皆平等;去封建近者,民有贵族黎庶之分。②

---

① 章太炎:《代议然否论》,《章太炎政论选集》上册,中华书局 1977 年版,第 456 页。

② 章太炎:《代议然否论》,《章太炎政论选集》上册,中华书局 1977 年版,第 456 页。

章氏认为,民皆平等、无贵庶之分的中国,不宜设上院,也就不宜实行代议制;作为"封建之变相"的代议制"必不如专制为善"。 章氏曾因倡导分治而肯定"封建",现又因否定代议制而否定"封建"了。 可见章氏的封建观是随其现实的政治主张而转换的。

然而,章氏的封建观虽有大变革,但其"封建"内涵却始终保持着与本义的联系。 同时,他在论述中已把封建制作为一种世界性的现象考察,并进行中西、中日之间的政制比较,其用语固然古色古香,所透露的政治理念也可能在激进与保守间摆动,但他围绕"封建"提出的论题(如反专制的政治改革问题、代议制是否符合中国国情问题、中日封建制的时间错位问题),却颇富前沿性,视野可谓宽阔而深邃。

五、 孙中山:"中国两千多年前便打破了封建制度"

作为学兼中西的政治家,孙中山准确把握了"封建"的内涵(封土建藩制度)和外延(中国殷周时期、欧洲中世纪之社会形态)。 他力倡的政治革命("民权主义"),其"一扫而尽"的目标是君主专制政体。

(一)"反专制"与"自治论"相表里,将民权革命的任务定位在以"民主共和"取代"君主专制"

1900 年,孙中山在《致港督卜力书》中拟"平治章程六

则"，其中第二则为"于都内立一中央政府，以总其成；于各省
立一自治政府，以资分理"①。这种军事、外交由中央政府宰
理，政治、征收、正供由各省全权自理的方案，既参考了美国
的联邦制，也是对中国古来"郡县制"与"封建制"的综合。
当然，孙中山的主要倾向是以适度的"分权"来调节过度的专
制集权，在此旨趣上对"封建"取一定程度的欣赏态度。

孙中山将革命的锋芒直指专制帝制。他在1906年秋冬间
发表的《军政府宣言》中高呼：

> 敢有帝制自为者,天下共击之!②

在1912年1月1日就任临时大总统时，孙中山在《中华民
国临时大总统宣言书》中发出了对民国的企望：

> 是用黾勉从国民之后,能尽扫专制之流毒,确定共和,
> 以达革命之宗旨,完国民之志愿,端在今日。③

孙中山将扫除专制、建立共和当成矢志不渝的追求，欲使
辛亥革命以"民主共和"取代"君主专制"，抓住了中国前近代
社会的基本问题，指明了中国社会近代转型的根本任务，具有

---

① 《孙中山全集》第一卷，中华书局1981年版，第193页。
② 《孙中山全集》第一卷，中华书局1981年版，第297页。
③ 《孙中山全集》第二卷，人民出版社1982年版，第?页。

划时代的意义。

（二）慎拒"反封建"提法

孙中山一生提出过许多革命口号，如早年提出"振兴中华""驱除鞑虏，恢复中华，创立合众政府"；中年之后提出"民族、民权、民生"三民主义；晚年提出"唤起民众，及联合世界上以平等待我之民族，共同奋斗"等，却从未提过"反封建"的口号。直至晚年，孙中山依然是在"封土封臣""贵族世袭制"意义上使用"封建"一词，并在此一含义上比较、品评中西历史。

孙中山晚年仰慕列宁及俄国革命，称其为"人师国友"；但他并不一概信从来自苏俄的提法。1922 年以后，苏俄和共产国际关于现实中国是"半殖民地""半封建"社会的论说传入中国，但孙中山只采纳前者。1924 年 1 月的国民党第一次全国代表大会的宣言取"半殖民地"说，孙中山在此前后的用语为"次殖民地"，而对中国"半封建"说则加以抵制。孙中山认为封建制在中国已结束两千多年，故终生未提"反封建"一类含义模糊的口号。孙中山《三民主义与中国前途》将民族革命、政治革命、社会革命都纳入"反专制"总题之下："不愿少数满洲人专制，故要民族革命；不愿君主一人专制，故要政治革命；不愿少数富人专制，故要社会革命。"[1]孙中山一直在古

---

[1] 《孙中山选集》上卷，人民出版社 1956 年版，第 19 页。

义与西义的融通上论述"封建",抵制当时开始流行的泛化封建说,这直接关系着中国民主革命目标的认定(是"反专制"而非含混的"反封建")。此一旨趣值得我们深长思之。

(三)"中国两千多年以前便打破了封建制度"

孙中山对"封建"的认识有两大特色:一是会通中西;二是首尾一致。直至晚年,孙氏认为,秦代已结束中国的封建制度,这比欧洲直到中世纪末、近代初的"打破封建",早了两千年。孙氏 1924 年 1 月至 8 月在广州作十六次《三民主义》系列演说,其中《民权主义》中的第三讲说:

> 欧洲两百多年以前还是在封建时代,和中国两千多年前的时代相同。因为中国政治的进化早过欧洲,所以中国两千多年以前,便打破了封建制度。欧洲就是到现在,还不能完全打破封建制度……
>
> 欧洲没有革命以前的情形,和中国比较起来,欧洲的专制要比中国厉害得多。原因在什么地方呢?就是世袭制度。当时欧洲的帝王公侯那些贵族,代代都世袭贵族,不去做别种事业;人民也代代都是世袭一种事业,不能够去做别种事业……中国自古代封建制度破坏以后,这种限制也完全打破。[1]

---

[1]《孙中山文集》上,团结出版社 1997 年版,第 164 页。

孙中山在这里较准确地把握了"封建时代""封建制度"的含义，将中国两千多年前的"封建制度"（指殷周封建制）与"罗马亡了之后，欧洲列国并峙"相类比，认为"罗马变成列国，成了封建制度"①。讲演中，孙氏流露出因中国比欧洲较早结束封建历史而产生的自豪感，却没有回答先期终结封建的中国，近代何以会落后于欧洲。和前文提及的梁启超《中国专制政治进化史论》一文相比，梁启超与孙中山的"封建观"相似，但梁氏有更深一层的中西古今之通识。

总之，清末民初是"封建"演为近代史学术语以后在中国使用的第一阶段。其间所用新名"封建"，既远衔古汉语义，也切合西义，在概念上都保持了前后一贯。清民之际学人议"封建"，较少从社会经济立论，而多以政治制度加以议论，认为中国的西周封建制与欧洲中世纪的 feudalism、日本中世及近世的武门柄政相近，其共同特征是：封土建国、领主执掌封地、世袭贵族执政、国家主权分散，与秦汉以降实行的帝王君临天下、土地自由买卖、官僚考选产生，由非世袭的"流官制""郡县制"所确保的中央集权政制恰成对照。

黄遵宪、梁启超、严复、章太炎、孙中山这些人大体代表了清末民初先进中国人的封建观。他们论"封建"，当然有深浅之别，却有着基本的相似之处：既不坐井观天、固守本义，又不尽弃本义，妄意滥用，而是遵循概念演化的合理路线——

---

① 《孙中山文集》上，团结出版社 1997 年版，第 150 页。

坚持古今义的既因且革、中西义的兼容并包。 如此重构再造之
新名"封建"，其外延指殷周政制，也涵盖欧洲中世纪、日本中
世及近世的同类政制，成为一个世界性的历史形态的共名。 这
种"封建"观较好地实现了概念演化时继承性与变异性的统
一，又初步达成中国传统史学概念与西方史学概念的通约与整
合。 然而，清民之际的论者，尚缺乏深广的学术准备，未能全
方位考察社会形态，尤其缺乏经济的、社会结构的分析，故其
"封建"观在理论上尚显单薄，不足以抗御后来兴起的强势的
泛化封建观的挑战，故在 20 世纪 30 年代以后，逐渐逸出主流
之外。 然其蕴藏的合理内核，值得我辈认真体味。

第三章

名实错位

第一节　五四时期陈独秀的"泛封建"说

到 20 世纪初期的五四新文化运动期间，"封建"的含义在某些重要论者那里发生变化：从一古史概念，演变为"前近代"的同义语，成为与近代文明相对立的陈腐、落后、反动的制度及思想的代名词。此为"封建"概念"产生混乱"之始，应予拈出，加以考究。

一、陈独秀"封建＝前近代＝落后"公式的提出

（一）《新青年》的反封建呼声

陈独秀 1915 年夏结束第五次在日本的游学回到上海，创办

了《青年杂志》(后改为《新青年》),该刊在 9 月 15 日发表了
陈氏《敬告青年》一文,此为新文化运动的开篇之作。 该文以
"自主的、进步的、进取的、世界的、实利的、科学的"号召青
年,并抨击与之相悖的旧精神——"奴隶的、保守的、退隐
的、锁国的、虚文的、想象的"。 陈氏说:

> 举凡残民害理之妖言,率能征之故训,而不可谓诬,谬
> 种流传,岂自今始! 固有之伦理、法律、学术、礼俗,无一非
> 封建制度之遗,持较皙种之所为,以并世之人,而思想差迟,
> 几及千载;尊重廿四朝之历史性,而不作改进之图;则驱吾
> 民于二十世纪之世界以外,纳之奴隶牛马黑暗沟中而已,复
> 何说哉![1]

陈氏把各种陈腐、落后的现象全都归于"封建制度之遗",
"封建"一词在这里被当成陈腐、落后之渊薮的代名词。 正因
为有此"封建制度之遗",使得当代中国人与白种人(即文中所
称"皙种")相比,思想落后千年,故中国新青年的使命是"反
封建"。

(二) 陈独秀对严复封建观的偏离:将封建制与君主专制
视作同一

陈独秀接受严复翻译的《社会通诠》的观点,认为中国走

---

[1]《青年杂志》第一卷第一号,1915 年 9 月 15 日。

出蛮夷社会后，即为以宗法制为基础的封建社会，宗法制度、宗法观念延及当下。 但陈氏忽略了严复关于宗法制与封建制既相联系又相区别的重要论述，将"封建制"与"宗法制"相重合，又认为封建制与君主专制贯穿中国古史，从而将封建制与君主专制混为一谈。 陈氏在《今日之教育方针》中论述教育方针之二"惟民主义"时说：

> 封建时代，君主专制时代，人民惟统治者之命是从，无互相连络之机缘，团体思想，因以薄弱。①

这就把"封建时代"与"君主专制时代"作为同义短语相并提。 这种用法是前无古人的，不仅与周秦以降的全部"封建论"相异，也与近代诸作者的使用相悖。 纵览清末民初各种论者有关"封建"一词的使用，莫不是以"封土建国"之义与秦汉至明清的君主集权制恰成对比。 然而，陈氏却将这两个根本相异的历史阶段归并为一，统称"封建时代"，并认定此一时代延及当下。

在接受马克思主义以后，陈独秀关于历史阶段性进程的表述接近共产国际的提法。 1920 年 10 月在《国庆纪念底价值》一文中，陈氏说：

---

① 《青年杂志》第一卷第二号，1915 年 10 月 15 日。

由封建而共和,由共和而社会主义,这是社会进化一定
的轨道,中国也难以独异的。①

这里的"共和"指资本主义政体,陈氏所述"社会进化一
定的轨道"已接近于下述排列程序:封建社会—资本主义社
会—社会主义社会。

二、 陈氏命题忽略了中西日历史的重大差异

若把陈独秀五四时抨击"封建"的命题置于历史坐标系中
考量,即可发现其概念错置之误。 他忽略了中日、中欧历史之
间存在的重大差异——前近代欧洲与前近代日本的社会形态是
"封建"的,故"反封建"是欧洲及日本近代化运动的题中之
义;而前近代中国的社会形态却是"非封建"的,中国近代化
运动的题旨应当另作概括。 但陈独秀却对此予以忽略,仿效明
治日本,在中国鼓动"反封建"。

当然,抨击"封建"的陈独秀绝非迂腐之人,他所力反之
"封建",并不是古典意义的"封土建国"之类的历史陈迹,而
是阻碍中国近代化运动的种种对象,尤其是"数千年相传之官
僚的专制的个人政治"②,以及与之相联系的礼教、宗法、迷信

① 《陈独秀著作选》第二卷,上海人民出版社 1993 年版,第 178 页。
② 陈独秀:《吾人最后之觉悟》,《陈独秀著作选》第一卷,上海人民出版社 1984
年版,第 178 页。

等。"封建"不过是他使用的一个"箩筐",里面装的是新文化运动实际要清算的所有东西。 不过,将这个"箩筐"称为"封建"并不准确,实开"泛化封建观"之先河。

三、"泛封建"说五四时期罕有同调,但对后世影响甚巨

五四新文化运动时期是新名"封建"使用的第二阶段,其间陈独秀把"封建"的外延一直推及到中国现代。 但这在当时尚属个别之论,更多论者所称"封建"仍指殷周分封制,或指欧洲中世纪制度,从而兼容"封建"一词的原始义与西义。 陈独秀将"封建"等同于落后、反动,在历史分期上,指从夏、商、周直至当下,故把清算"封建"遗毒作为中国近代化运动的主题。 陈氏的言论波及后世,故而今亦多将五四新文化运动的主旨归为"反封建",即秉承陈独秀五四时期的"泛封建"说。

中国近代化运动的中心课题,或曰中国民主革命的基本任务,并非所谓"反封建",而应当归纳为——解构宗法社会,建立契约社会、法治社会;变革地主租佃经济,实行耕者有其田;推翻君主专制,建立民主共和。 这是 19 世纪中叶至 20 世纪中叶百年间中国近代化进程(或曰中国民主革命)的实际情形。"泛封建"说,模糊了此一真实的历史内容。

第二节 苏俄及共产国际以"半封建"指称现实中国

真正对近现代中国人的"封建观"发生大作用的，是来自苏俄和共产国际的理论与语汇，其核心观念由列宁创发，由斯大林定型并强化。

一、泛化封建观的"祖义"

（一）列宁及共产国际的封建说

共产国际又称第三国际，1919 年建立，1943 年解散，为国际性共产主义组织，总部设在苏俄的莫斯科，凡参加共产国际的各国共产党皆为其支部。它对中国革命有着很大影响；泛化封建观即经由共产国际文件译介到中国；而此一论说的发明人是俄国革命领袖列宁。

列宁立足于俄国历史，并不强调"封土封臣""采邑领主"等西欧封建制度的特征，如其 1894 年所撰《什么是"人民之友"以及他们如何攻击社会民主党人？》、1896 年后所撰《俄国资本主义的发展》等论著，通过考察俄国农奴制、徭役经济，形成较为宽泛的封建社会概念，认为封建制的特征是：

> 农业生活方式；自然经济占统治地位；土地为大土地占有者即地主所瓜分；实行农奴制。

列宁还把东方国家以地租剥削为主要形态的君主制的压迫与剥削制度都纳入"封建主义"范围内①，进而把西方殖民主义入侵后的殖民地、半殖民地东方国家称为"半封建"。

（二）列宁近代中国"半封建"说的提出

列宁将泛封建观提升为普世性范式，用以分析亚洲社会。关于近代中国是"封建制度""半封建国家"的关键性论说，首见于列宁的《中国的民主主义和民粹主义》：

> 中国这个落后的、农业的、半封建国家的客观条件，在将近五亿人民的生活日程上，只提出了这种压迫和这种剥削的一定的历史独特形式——封建制度。农业生活方式和自然经济占统治地位是封建制度的基础；以这种或那种方式把中国农民束缚在土地上，这是他们受封建剥削的根源；这种剥削的政治代表就是封建主，以皇帝为整个制度首脑的封建主整体和单个的封建主。②

---

① 参见《列宁全集》第31卷，人民出版社1958年版，第129页。
② 该文于1912年7月15日发表，见《列宁全集》第21卷，人民出版社1990年版，第429页、第431页。

在这里，"封建"的内涵被大大泛化了：凡在"农业生活方式和自然经济占统治地位"基础上的社会，便是"封建主义"，这几乎可以将全部前近代社会都纳入其内。 而按照这种扩大了的"封建"概念，当然可以把前近代中国归于"封建"。 这种结论，在中国人的话语系统中是找不到先例的。 可以说，列宁所界定的"封建"是一个脱离中西历史文化坐标系的自造术语。

列宁的"泛封建"说因其革命领袖的地位而具有传播优势和巨大影响力。 把东西方各种形态的前近代社会全都纳入"封建社会"，并与资本主义社会前后衔接，从而便利于历史"单线"进化图景的勾勒，进而可以为当时及以后展开的包括亚洲民族民主革命在内的"世界革命"提供统一的历史叙事方式。 在作为"革命时代"的 20 世纪上半叶，这种论说有着广阔的播散空间，尤其易于被正从前近代社会走出、处于民主革命高潮的俄国、中国等准亚细亚及亚细亚国家的革命者所接受。

（三） 列宁封建说在中国的早期传播

在为共产国际二大草拟的《民族和殖民地问题提纲初稿》（1920 年 6 月）中，列宁再次阐述其 1912 年文章的观点，将包括中国在内的东方国家称为"封建关系或宗法关系、宗法农民关系占优势的比较落后的国家和民族"，将东方国家的农民运动的任务规定为"反对各种封建主义现象或封建主义残余"①。 而由列宁思想形成的共产国际二大文件《民族和殖民地问题提纲》将近代中国定性为"半殖民地"和"半封建"。与此一脉相承的共产国际四大通过的《东方问题之提要》，于1923年被译成中文。 中共中央理论性机关刊物《新青年季刊》第一期登载一鸿翻译的《东方问题之提要——共产国际第四次世界大会通过》。 提要称东方国家统治者为"封建的或半封建半资产阶级的"②，又称东方国家实行的是"封建宗法制度"，无产阶级的革命对象是"殖民地的资产阶级与封建地主或'封建地主阶级'"。 把包括中国在内的东方国家的现存社会状态划入"封建制度"或"殖民地、半殖民地""半封建"社会③。 此一重要论断，由列宁在1912年提出，又通过共产国际文件于20世纪20年代初传入中国，直接启动了大革命时期（1925—1927）的"反封建"宣传。

二、"大革命"前后中国"半封建"说逐步流行

（一）第一次国共合作时期的中国"半封建"说

中国共产党使用"半封建"说始于1922年。 这与该年1月在莫斯科召开的由共产国际指导的"远东各国共产党及民族

---

① 《列宁选集》第4卷，人民出版社1995年版，第220页。
② 《新青年季刊》第1期，第77页。
③ 《新青年季刊》第1期，第78—79页。

革命团体第一次代表大会"有关。 中共代表瞿秋白、张国焘等
以及国民党代表张秋白等参加了会议。 列宁于会议期间接见了
中国代表张秋白、张国焘等,论及中国的"半殖民地""半封
建"性质。

中共中央执行委员会 1922 年 6 月 15 日拟定《中国共产党
对于时局的主张》,采纳共产国际的泛义封建说:"中国经过了
几千年的封建政治,人民生活基础自来都建设在农业经济上
面",辛亥革命是"由封建制度到民主制度","所以未能成功
之主要原因,是因为民主派屡次与封建的旧势力妥协",而现
时"名为共和国家,实际上仍旧由军阀掌握政策,这种半独立
的封建国家,执政的军阀每每与帝国主义互相勾结"。 文件号
召"向封建式的军阀继续战争"①。

1922 年 7 月,在上海举行的中共第二次全国代表大会,以
列宁关于民族和殖民地革命的理论为指针,分析中国社会的基
本矛盾和中国革命的性质。《中国共产党第二次全国大会宣
言》(陈独秀起草)指出,中国"在政治方面还是处于军阀官僚
的封建制度把持下","加给中国人民(无论是资产阶级、工人
或农民)最大的痛苦的是资本帝国主义和军阀官僚的封建势
力,因此反对那两种势力的民主主义的革命运动是极有意
义的"。

1922 年的这两份文件,是中共中央以"封建"称现实中国

---

① 《先驱》第九号,1922 年 6 月 20 日。

之始。 此处之"封建"虽有泛化倾向，但也可作本义理解，因为"军阀"具有割据性，与"封建"相连称，同传统的"封建说"还保持联系。 中共第二次全国代表大会宣言提出的该党最低纲领为："（一） 消除内乱，打倒军阀，建设国内和平；（二） 推翻国际帝国主义的压迫，达到中华民族完全独立；（三） 统一中国为真正民主共和国。"此纲领并未出现"反封建"字样。

1923 年 6 月，在广州举行的中共第三次全国代表大会，瞿秋白为大会起草了《中国共产党党纲草案》，在论及现实中国的社会性质时，亦未用"封建"字样，而有"努力扫除宗法社会的余毒，以增加国民革命运动之速度"[①]的提法。

（二） 瞿秋白等确认现实中国的"半封建"性质的过程

瞿秋白是较早泛用"封建"的论者。 1920 年瞿氏作为记者采访"十月革命"后的苏俄，撰《饿乡纪程》（1922 年商务印书馆出版，后改为《饿乡纪行》）。 该书第十四目述及俄国革命说："风起潮涌的自由战，激励他们驱逐地主，打倒封建遗毒的偶像。"另著《赤都心史》第十九目说："封建遗毒，东方式的专制政体，是使官僚问题种得很深的根底。"两例的取意和用语，皆与陈独秀五四时期的"反封建"言论颇相类似，都把"反封建"与"反专制"作为同义语并列使用。 不过，陈氏

[①] 参见《瞿秋白文集·政治理论编》第 2 卷，人民出版社 1988 年版。

"封建"指现实中国，瞿氏"封建"指当时的俄国。

1923 年 6 月 15 日出版的《新青年季刊》第一期，瞿秋白《世界的社会改造与共产国际》一文有下列表述："资本主义的生产制度，在人类文化史上，自然有相当的功绩。封建制度的末流，实在令社会生产窘迫不堪，必须别求出路。"①这是从世界史范围评议"封建制度"，置于资本主义制度之前。

该刊第二期蒋光赤的《经济形式与社会关系之变迁》一文，论及奴隶制后"封建制度（feudalism）因之发（feud 即土地的意思）。……封建制度发展成经济的形式，约在 9 世纪"②。这是以西欧史为模型作的封建制度叙述。

瞿、蒋二文所用"封建"一词，与 feudalism 含义相通，但已隐约透露出将中国前近代划入"封建"的意向。

1923 年 3 月，《新青年季刊》第一期还发表了屈维它（瞿秋白的笔名）的《东方文化与世界革命》，论及包括中国在内的东方文化的三元素——"宗法社会之自然经济""畸形的封建制度政治形式""殖民地式的国际地位"；而"帝国主义客观上自成为使中国社会退向封建制度的重要原因，同时又以强力纳入资本主义"。此文提出，直至清末，中国仍在封建制度之中，中国革命应当"颠覆宗法社会、封建制度、世界的资本主义，以完成世界革命的伟业"③。

---

① 《新青年季刊》第 1 期，1923 年 3 月，第 18 页。
② 《新青年季刊》第 2 期，1923 年 12 月 20 日，第 51 页。
③ 《新青年季刊》第 1 期，1923 年 3 月，第 68 页。

1923 年 5 月,瞿氏发表《中国之地方政治与封建制度》,指出军阀是一种"畸形的封建制度的现象",其基础是外国资本家和中国奸商的经济力量,故不能指望军阀的"联省自治"和武力统一,"军阀统一是由封建变成郡县的老文章,平民统一是由封建进于民治的大进步"①。

在 1923 年底至 1925 年的《新青年季刊》各期发表的瞿秋白、陈独秀、周佛海、彭述之等人的文章,言及当时的中国社会,交替使用"宗法社会""农业经济宗法社会""封建制度"。如该刊第三期瞿秋白的《唯物史观对于人类社会历史发展的解释》称:

> 中国社会数千年生产力凝滞不进,农业与小手工业为社会经济生活的中心,封建制度非常坚固,一切社会思想都是封建式的。②

综观瞿秋白 20 世纪 20 年代中期使用的"封建"概念,在一定程度上保留着"封建"的古汉语义(如议"封建军阀",即从"封建割据"立论),又兼顾了"封建"的西义,但已有泛化倾向,把本已"去封建远"的近现代中国纳入"封建"范围。

至于将中国社会联称为"半殖民地半封建",则初现于

---

① 瞿秋白:《中国之地方政治与封建制度》,《向导》1923 年第 23 期,第 173 页。
② 《瞿秋白文集·政治理论编》第 2 卷,人民出版社 1988 年版。

1926 年 9 月 23 日设在苏联首都莫斯科的中山大学国际评论社
编译的中文周刊《国际评论》创刊号发刊词[1]。 影响深远的是
1928 年 7 月在莫斯科举行的中共第六次全国代表大会最后形成
的《政治决议案》中的论述:

> 现在中国的地位是半殖民地。
> 现在中国的经济制度,的确应当规定为半封建制度。
> 中国革命现在阶段底性质,是资产阶级民主革命。[2]

中共第六次全国代表大会还通过了《土地问题决议案》,
对现实中国的"封建性"有更详细的说明。 以中共第六次全国
代表大会为端绪,现实中国社会"半封建"与"半殖民地"并
用的提法,正式形诸中共中央文件,并成为定式,沿用不辍。

总之,1922—1928 年,即"大革命"前后,是新名"封
建"使用的第三阶段。 其间,先由共产国际文件将现实中国称
为"半封建",随后此类提法频现于瞿秋白等中共理论家的著
述和中共政治文件中,"大革命"时期"反封建"已成为左翼宣
传的一面旗帜。 当然,称现实中国为"半封建",以 1928 年中
共第六次全国代表大会文件表述得最为完整。

---

[1] 参见李红岩《半殖民地半封建理论的来龙去脉》,《北京日报》2004 年 3 月
    8 日。
[2] 《瞿秋白文集·政治理论编》第 5 卷,人民出版社 1994 年版。

第三节　中国社会史论战中的"泛封建"

泛化封建观在中国出现的轨迹大略为：五四时期发端，但仅有个别人（如陈独秀）表述；20世纪20年代初中期，经由共产国际文宣材料译介，在中国共产党的理论界开始接受，却并未作系统论证；20世纪20年代末30年代初，经由"中国社会性质论战"和"中国社会史论战"，泛化封建观获得学术形态，为以后的广泛流传奠定了基础。

一、"中国社会性质论战"导引出"中国社会史论战"

1927年，"大革命"失败。在中国共产党内及共产国际内，为确认当时中国革命性质（资产阶级民主革命抑或无产阶级社会主义革命），对当时中国社会性质产生了不同意见（有"封建社会""资本主义社会""亚细亚社会"诸说）。中国社会性质论战的议题由此发端，进而考察现实中国的社会性质，试图解答两个极具现实实践性的问题：

一、中国现在社会究竟是封建社会，还是资本主义社会？

二、经过 1927 年失败以后的中国革命究竟是资产阶级革命还是无产阶级革命?①

国共两党以至于其他派别,都出来争夺在这些议题上的话语权。中国社会史论战可以说是中国社会性质论战向历史领域的延伸。它于 1929 年发端,历时数年。而中国社会史论战的重要议题之一,是如何理解"封建"以及对"封建制度""封建社会""封建时代"的认定。"封建"概念的古今演绎、中外对接的争议也得以提出,又牵涉到如何给近代以前的两千余年中国历史(秦至清)定性的问题,中国历史分期及现时中国社会性质等宏大述事,也有超乎以往的展开。

二、 古典封建论:以陶希圣为代表

(一)"新生命派"及其"古典封建论"

中国社会史论战中的"新生命派"否定当时中国处于封建社会,认为封建社会早在两千多年前的秦朝已经解体。因这一派是在"封土建国"这一古典义上论述封建和封建社会的,故姑称之"古典封建论"。陶希圣是此论最重要的阐发人。

---

① 《中国社会史的论战专号》第一篇文章,王礼锡的《中国社会史论战序幕》转引马土夫语,神州国光社 1932 年版,第 14 页。

　　1928 年陶氏在上海《新生命》月刊提出"中国社会到底是
什么社会"这一问题，从而引起各派学者论战，其观点大致有
三种：第一种认为"中国社会是半封建半资本主义"社会；第
二种认为"中国是商业资本主义"；第三种以陶希圣为代表的
"新生命派"则认为"中国封建制度已衰，封建势力犹存，而
中国社会的两大阶层是士大夫与农民"。陶氏 1929 年 5 月出
版的《中国封建社会史》主张周代为封建社会，到春秋战国之
际，封建制度已开始分解，因此秦汉以降不能称封建社会。陶
氏同年在新生命书局出版的《中国社会之史的分析》中又说，
西周曾有过"封邦建国"制度，秦始皇统一六国，"废封建而置
郡县"。

　　关于秦汉以后的历史形态，陶氏有其独特表述："中国的封
建制度虽早破坏，但仍是在前资本主义时期，有巨大的封建势
力存在着。"①关于现实中国的社会性质，陶氏说："中国社会
是金融商业资本之下的地主阶级支配的社会，而不是封建制度
的社会。"②

　　陶氏虽沿袭了"封建"古义，然其说又落入西欧模式的窠
臼。照此模式，中国"封建"既在周代，那么秦汉以降直至当
下就只能是"金融商业资本主义"社会了。

---

① 陶希圣：《中国社会之史的分析》，新生命书局，1929 年，第 2 页。
② 陶希圣：《中国之商人资本及地主与农民》，《新生命》第三卷第二期，1930 年。

（二）"豹变"的陶希圣封建观

陶希圣初步接受"社会形态"学说，并未将"封建"限定为政体概念，而力求兼从经济制度上加以解说。 但此时的他又无力完成对"封建"的经济义与政体义二者的整合，故在表述中往往出现概念紊乱，因而每为论战对手诟病，称其为"豹变""模棱两可"。 如陶著《中国社会到底是什么社会? 》一方面否认现实中国是宗法社会、封建社会；另一方面认定中国"从最下层的农户起到最上层的军阀止，是一个宗法封建社会的构造"①。

当陶氏意识到历史观自相矛盾时，决心从基础做起：用力于中国经济史的考察，遂于 20 世纪 30 年代中期创办刊物《食货》，以此为阵地展开讨论。 此后陶氏从经济制度、社会结构层面的具体辨析出发，将中国社会形态的探讨引向深入。

（三）梁园东、顾孟余的封建观

与陶氏同为"新生命派"的梁园东试图突破"封建社会—资本主义社会"的欧式历史框架，认为秦汉以来的中国是"农村商业社会"。 梁氏此种认定并不可取，但他指出殷周封建社会结束后，中国有一个既非封建也非城市工商社会的形态存在，却是一个有价值的思路。

---

① 《中国社会到底是什么社会? 》，《新生命》第一卷第十期，1928 年 10 月 1 口。

顾孟余大体与"新生命派"同调，认为农奴制是封建制度的基本构成，而中国已经没有农奴，只有农民，所以"中国没有封建制度"①。

总之，古典封建论一派论者提法虽不尽相同，然大体而言，多在"封土建国"含义上使用"封建"一词，并推衍出新名"封建制度"，与西方的 feudalism 及 feudal-system 相对应，强调的是"分封采邑""领主经济""农奴制""人身依附"等含义，不赞成将秦汉以下的中国社会称为"封建社会"。

三、泛化封建论：以郭沫若为代表

（一）"新思潮派"的封建观

与"新生命派"正面论争的是"新思潮派"，由朱镜我、潘东周、王学文、李一氓等左翼理论界人士组成。他们援引苏俄理论界关于中世纪社会特征的概括，认为封建社会的普遍特征有三：第一，生产者主体已摆脱奴隶身份，成为独立生产者，但保有不同程度的人身依附。第二，自然经济占绝对优势，货币流动不发达，物物交换流行。第三，土地领有者对独立生产者农民（或农奴）实行超经济剥削，榨取无偿的剩余劳动。同时，他们还将使用铁器这一生产力标准作为封建社会的物化

① 顾孟余：《中国国民党必须有阶级基础吗？》，《前进》第一卷第三号。

标志。

"新思潮派"不乏能够熟练运用马克思、恩格斯原典的论者。如刘梦云（张闻天）《中国经济之性质问题的研究》，以超经济掠夺作为"封建制度"的标志性特点，切近马克思、恩格斯的封建原论。吴黎平《中国土地问题》认为，封建关系是根据手工的农民生产方法，而农民把一大部分劳动成果，白白地交给封建剥削阶级。① 这种论述抓住了封建制的超经济剥夺的特点。

上述关于"封建制度"的界定，都试图从生产方式、经济基础的解析入手，运用"唯物史观"进行社会分析。然而"新思潮派"多数论者多有将"封建"内涵与外延宽泛化的倾向，因而可将这种观点命名为"泛化封建论"。这种泛化了的封建观，将秦汉至明清划入封建社会，并认为现代中国仍处于"封建关系"之内。

（二）郭沫若的封建说

郭沫若是"泛化封建论"及"周末至明清封建社会说"的有力推动者。他在社会史讨论中，采用新名"封建"并加以引申，从指称欧洲中世纪和日本中世与近世为"封建社会"获得启示，将中国的中古时代（周代末至明清）冠以"封建社会"。

———————

① 参见《中国社会性质问题的论战》（资料选辑），人民出版社 1984 年版，第 240—242 页。

郭沫若的封建说，其新颖处在于，质疑"井田制"和"五等五服制"，从而推翻西周封建的旧说，又套用原始社会—奴隶社会—封建社会—资本主义社会这一模式，认为殷以前的中国社会是原始氏族社会，西周是奴隶社会，周末、秦代以下进入封建社会。郭氏的分期主张，提出了 20 世纪 30 年代以下中国历史分期论战的中心论题。

郭氏在 1930 年集成的《中国古代社会研究》中，据殷代王位兄终弟及，论定殷代为"多父多母"的氏族社会，从而推断殷商为"母系中心的社会"；又列举《尚书》对殷民称奴、称皂、称隶，证明周人以殷人为奴，论定周代为"奴隶社会"；"周室东迁以后"，中国社会才由奴隶制逐渐转入"真正的封建制度"，从而与中国学界历来的"西周封建说"大相悖反。郭氏还指出，秦并六国，方结束奴隶社会，确立封建社会，自此一直延及现代。郭氏还将"废封建，立郡县"的秦始皇称为"中国社会史上完成了封建制的元勋"[1]，从而进行了一次历史"大翻案"。

郭沫若也深知其说有悖史家通识，故在 1945 年出版的《十批判书·古代研究的自我批判》中对自己的观点加以辩护："旧时说夏、殷、周三代为封建制，以别于秦后的郡县制，这是被视为天经地义的历史事实，从来不曾有人怀疑过，也是不容许人怀疑的。但近年来因封建制被赋予了新的意义，因而三代是

---

① 郭沫若：《中国古代社会研究》，上海联合书店 1930 年版，第 19 页。

封建制之说便发生了动摇。"①在《十批判书》中，郭氏对"封建社会"作了较完整而明晰的诠释：

> 现代的封建社会是由奴隶社会蜕化出来的阶段。生产者已经不再是奴隶，而是被解放了的农工。重要生产工具，以农业而言，便是土地已正式分割，归为私有，而有剥削者的地主阶层出现；在工商方面则是脱离了官家的豢养，而成立了行帮企业。建立在这阶层上面的国家是靠着地主和工商业者所献纳的税收所维持着的。这是我们现代所说的封建社会。②

郭氏的论述遵从"五种社会形态"说，全然脱离"封建"本义（封土建国、封爵建藩），也同 feudalism 西义（封土封臣、领主采邑）大相径庭。他先将本来"依实定名"形成的关键词"封建"的固有含义加以剔除，然后根据所论时段（秦汉至明清）的中国社会特征概括出若干标准，加入"封建"一名，充作其内涵，再把这种重新"制作"的"封建"名号，冠于秦汉至明清这段历史之上。这种关键词内涵的异动，事关重大：由于"封建制被赋予了新的意义"，中国历史的宏大叙事也

---

① 郭沫若：《十批判书·古代研究的自我批判》，《中国现代学术经典·郭沫若卷》，河北教育出版社1996年版，第529页。
② 郭沫若：《十批判书·古代研究的自我批判》，《中国现代学术经典·郭沫若卷》，河北教育出版社1996年版，第531页。

因此相应发生剧变。

和陶希圣"封建"概念的游移不定相仿佛，郭沫若的观点也多有修改。如1930年郭氏在《中国古代社会研究》中将殷商时代称为母系氏族社会、周代称为奴隶社会；而1945年出版的《十批判书》之一的《古代研究的自我批判》，则认为殷代是奴隶社会；20世纪50年代初在《中国古代社会研究》的修订本中，以及后来在由他主编的《中国史稿》中，又提出"战国封建说"。当然，这些修改都是在同一个前提下展开的："封建"非指一种国体和政制，不取"封土建国"义，而指一种社会制度，其特点为农业自然经济、地主制、君主专制，从而确认战国至明清两千余年为封建社会。鸦片战争后因西方资本主义侵入，造成中国封建经济、封建政治逐渐解体，而进入半殖民地半封建社会，故近代中国革命的任务是反帝反封建。

四、不应被遗忘的论者：李季、胡秋原、李麦麦

除上述两大流派之外，参加社会史论战的还有一些提出有价值观点的论者，如"动力派"李季、"自由人"胡秋原、历史哲学家李麦麦，他们兼通中西学术，较熟悉马克思、恩格斯原论，立足于中国历史实际，都反对以"原始社会—奴隶社会—封建社会—资本主义社会"这一线性公式硬套中国史，认为秦至清的社会形态不能以"封建"名之，李季概括为"前资本主义"，胡秋原、李麦麦概括为"专制主义"。

总之，20 世纪 20 年代末至 30 年代末，是新名"封建"使用的第四阶段。 其间，封建概念正式泛化并得到学术论证。 此说在当时的学界备受批评，且只是众说中的一家之言，但为此后泛化封建观普被中国奠定了基石。 此外，还有一些不赞成将秦汉至明清定位为封建社会的论者认为，东方国家在封建社会与资本主义社会之间有一漫长的过渡阶段，或称为"亚细亚社会"，或称为"前近代社会"，或称为"专制主义社会"。

第四节　从毛泽东著作看泛化封建观的定型过程

毛泽东是深刻影响现代中国观念世界的人物。 通过其1949 年 10 月以前的论著，可以观察到泛化"封建"从偶然呈现、含义模糊，走向普遍使用、内涵明确的演绎轨迹。

一、泛化"封建"在毛泽东著作中较晚出现

（一）《民众的大联合》等早期作品未见泛化"封建"用例

略考毛泽东五四时期的论著便会发现，在表述关于中国社会及其阶级、阶层这类内容时，毛泽东都没有冠以"封建"；其

时被毛泽东指为反动势力的是"帝国主义""贵族""军阀"。
如发表于 1919 年的文章《民众的大联合》，毛泽东讲统治者的
联合，提到"强权者的联合，贵族的联合，资本家的联合"①。
在 1923 年 7 月刊发的《北京政变与商人》中，毛泽东说国民革
命的使命是"用国民的力打倒军阀并打倒和军阀狼狈为奸的外
国帝国主义"②，所论中国反动势力。 可见早期毛泽东与泛化
封建观保持着距离。 熟悉中国古典的毛泽东对"封建"一词原
意的理解和运用，直至其晚年仍在继续。 20 世纪 70 年代初中
期，毛泽东号召国人阅读唐人柳宗元的《封建论》，大力肯定郡
县制（因其有利于国家统一），批评封建制（因其可能导致国家
分裂）。 毛泽东晚年所评议的"封建"，正与柳宗元所论"封
建"同义，指的是"封土建国""封爵建藩"。

（二） 1923 年始有交替使用本义"封建"和泛化"封建"
之例

从目前所知毛泽东的早期论著看，从 1923 年开始出现以
"封建"指称现实中国的提法。 如发表于 1923 年 4 月 10 日
《新时代》的《外力、军阀与革命》一文称："目前及最近之将
来一个时期内，中国必仍然是军阀的天下"，"完全实施封建的

① 毛泽东：《民众的大联合（一）》，中共中央文献研究室、中共湖南省委《毛泽东早期文稿》编辑组编：《毛泽东早期文稿（1912—1920）》，湖南人民出版社2013 年版，第 312 页。
② 毛泽东：《北京政变与商人》，中共中央文献研究室、新华通讯社编：《毛泽东新闻作品集》，新华出版社 2014 年版，第 89 页。

反动统治"。① 军阀带有武装割据性质，故毛泽东称军阀统治为"实施封建的反动统治"。其所用"封建"，取"分权""裂土"之义，仍与古汉语原义保有联系。

从1925年起，毛泽东在更普遍的意义上用"封建"一词指称现实中国。如在这年10月发表的《〈广东省党部代表大会会场日刊〉发刊词》，阐述"革命的民生主义"的对象"是那封建宗法性一切反动势力根本源泉之地主阶级"②。同年冬发表的《国民党右派分离的原因及其对于革命前途的影响》，论及欧美日本的资产阶级革命，是"反抗封建贵族阶级的民主革命，与19世纪末至20世纪初期殖民地半殖民地的小资产阶级、半无产阶级、无产阶级合作反抗帝国主义及其工具官僚、军阀、买办、地主阶级的国民革命，性质完全不同"③。他指出，欧美日本资产阶级革命的对象是"封建贵族"，而中国的国民革命其反抗对象是帝国主义及其工具，并未冠以"封建"，与欧美日本的革命"完全不同"。

可见，直至20世纪20年代初中期，毛泽东时而在本义上使用"封建"，时而在泛义上使用"封建"，处于一种交错过渡状态；他使用泛化"封建"，比从"赤都"（苏俄首都）归来的瞿秋白等人慢了一两个节拍。这可能同毛泽东与共产国际的关系并不密切有关。

---

① 《毛泽东文集》第一卷，人民出版社1993年版，第11页。
② 《毛泽东文集》第一卷，人民出版社1993年版，第16页。
③ 《毛泽东文集》第一卷，人民出版社1993年版，第24页。

二、 1926 年以后毛泽东著作出现泛化"封建"用例

（一）泛化"封建"呈现

毛泽东著作以"封建"标示现实中国的反动势力的论述，较早见于 1926 年 1 月所撰《中国农民中各阶级的分析及其对于革命的态度》一文：

> 中国的大地主是中国农民的死敌，是乡村中真正统治者，是帝国主义军阀的真实基础，是封建宗法社会的惟一坚垒，是一切反革命势力发生的最后原因。[①]

在此，他将"封建"与"宗法"并联使用，概括现实中国的社会形态，与瞿秋白同时发表的文章《国民革命运动中之阶级分化》中的"反对宗法封建军阀的革命"提法大体一致。

毛泽东 1926 年 9 月撰写的《国民革命与农民运动》（《农民问题丛刊序》）中，多次出现"乡村宗法封建阶级（地主阶级）""封建地主阶级""农村封建阶级"等短语，并有"封建地

[①] 毛泽东：《中国农民中各阶级的分析及其对于革命的态度》，《中国农民》1926 年第 1 期。

主首领即封建军阀"的用语等。① 同年 12 月毛泽东起草的《湖南省第一次农民代表大会宣言》，开篇语即为"农民在帝国主义与封建阶级的政治的和经济的压迫之下"②，下文有"封建的剥削制度""封建阶级""封建的统治阶级"③等较具理论色彩和概括力的以"封建"为轴心的短语。 完成于 1927 年 3 月的名篇《湖南农民运动考察报告》，则有"几千年封建地主的特权""乡村的封建势力""宗法封建性的土豪劣绅"④等用语。

这一时期，以"封建"一词冠于地主阶级之上，指称中国现存的反动制度、反动势力，开始见于毛著。 此间，毛泽东担任国民党中央宣传部代理部长，其语用实践反映着"大革命"时期中国政治语汇的实际走向。

（二）第二次国内革命战争时期毛泽东著作"封建"用例辨析

第二次国内革命战争初期，毛泽东于 1928 年 10 月为湘赣边举行的第二次共产党代表大会起草决议，其第一部分是《中国的红色政权为什么能够存在？》。 文章论述中国的红色政权

---

① 毛泽东：《国民革命与农民运动》，中共中央文献研究室、新华通讯社编：《毛泽东新闻作品集》，新华出版社 2014 年版，第 109—113 页。

② 毛泽东：《湖南省第一次农民代表大会宣言》，中央档案馆编：《中共中央文件选集》（一九二六），中共中央党校出版社 1989 年版，第 683 页。

③ 毛泽东：《湖南省第一次农民代表大会宣言》，中央档案馆编：《中共中央文件选集》（一九二六），中共中央党校出版社 1989 年版，第 684 页。

④ 毛泽东：《湖南农民运动考察报告》，《毛泽东选集》第一卷，人民出版社 1991 年版，第 14—15 页。

能够存在的五个条件，第一条便是中国是一个帝国主义间接统治的经济落后的半殖民地国家。他这篇文章使用了"半殖民地国家"和"地方的农业经济""豪绅阶级对农民的封建的剥削"等用语，与20年代中期以来共产国际文件提法相接近。然其"地方的农业经济"基础上的"封建的剥削"中的"封建"明显含有"分散""割据"等义，与"封建"本义保持联系；而且全文的主旨在于剖析当时中国政治上的分裂、经济上的分散，均与"封建"本义指示的引申方向相一致，故此间毛泽东所论"封建"的取义方向并未泛化。

（三）延安时期作品的"封建"论

在相对安定的延安时期，毛泽东系统研读社会科学论著。抗日战争全面爆发初期，经八路军汉口办事处购得大批书刊，运至延安，供毛泽东阅读使用。这对毛泽东系统封建观的确立有促成作用。

1938年毛泽东的讲演《论持久战》，多有"半殖民地半封建的中国""我们是一个半殖民地半封建的国家""为解除半殖民地半封建地位的革命的或改良的运动"[1]之类提法。1938年的《辩证法唯物论（讲授提纲）》中亦有出现"半封建制度""封建地主阶级"[2]等提法。1939年5月的《五四运动》一

---

[1] 毛泽东：《论持久战》，《毛泽东选集》第二卷，人民出版社1991年版，第447、449页。

[2]《辩证法唯物论（讲授提纲）》，八路军军政杂志社1940年版。

文，则有"中国反帝反封建的资产阶级民主革命"①的完整
表述：

> 这种民主革命是为了完成一个在中国历史上所没有过
> 的社会制度，即民主主义的社会制度，它的前身是封建社会
> （近百年来成为半殖民地半封建社会），它的后身是社会主
> 义社会，而它自己则是民主主义社会。②

此间，毛泽东还论及中国历史上的封建社会。如 1939 年 2
月《关于〈孔子的哲学思想〉一文给张闻天的信》，采用了"五
种社会形态"说，称"奴隶社会与封建社会的国家发生以前，
家庭是先发生的，原始共产社会末期氏族社会中的家长制，是
后来国家形成的先驱，所以是'移孝作忠'，而不是'移忠作
孝'。一切国家（政治）都是经济之集中的表现，而在封建国
家里家庭则正是当时小生产经济之基本单元，如伯达所说的
'基本细胞'，封建国家为了适应它们的集中（封建主义的集
中）而出现"③。此"封建"指自周秦以来整个中国传统社
会，显然是一种泛化的"封建"。

---

① ［日］竹内实监修：《毛泽东集》第 6 卷，（日本）北望社 1972 年版，第 321 页。
人民出版社出版的《毛泽东选集》第二卷收录此文，文字略有不同。竹内实所编
《毛泽东集》收录的是原始版本，此处采用其版本，后同。
② ［日］竹内实监修：《毛泽东集》第 6 卷，（日本）北望社 1972 年版，第 322 页。
③ 《毛泽东文集》第二卷，人民出版社 1993 年版，第 161 页。"伯达"指陈伯
达，时任毛泽东的秘书。

三、《中国革命与中国共产党》《新民主主义论》的封建说

毛泽东封建观的系统表述，见于《中国革命与中国共产党》和《新民主主义论》等名篇。

（一）界定中国"封建社会"

1939 年 12 月，毛泽东发表《中国革命和中国共产党》。其中有一段后来被视作经典的论述中国历史分期及中国封建时代特点的文字：

> 中国自从脱离奴隶制度进到封建制度以来，就长期停顿下来。这个封建制度，自周秦以来一直延续了三千多年。……三千年来的中国社会是一个封建社会。
>
> 中国封建时代的经济制度和政治制度，是由以下的各个主要特点构成的：
>
> 自给自足的自然经济占主要地位……
>
> 封建的统治阶级——地主、贵族以至皇帝，他们拥有最大部分的土地，而农民则很少土地，或者完全没有土地……
>
> 不但地主、贵族和皇室依靠剥削农民的地租过活，而且地主阶级的国家还强迫农民交纳贡税和从事无偿劳役，去养活一大群国家官吏及为了镇压农民之用的军队……
>
> 保护这种封建剥削制度的权力机构，是地主阶级的

封建国家。如果说,周是诸侯割据称雄的封建国家,那么自秦始皇统一中国以后,就建立了专制主义的中央集权的封建国家,同时,在某种程度上仍旧保留着封建割据的状态……

封建社会的主要矛盾,是农民阶级和地主阶级的矛盾。①

这段文字对周秦以来三千多年中国社会共通性特征的简明表述,具有颇强的概括力。而这一论说将周秦以来三千多年的中国总名之"封建制度",采纳了 1929 年开始的中国社会史论战中"泛化封建论"的词语和观点。同时,行文中"封建"一词尚存在古汉语原义与泛化义交叉使用的情形,如文中"封建割据"之"封建"取古汉语原义,而"中央集权的封建国家"之"封建"则取泛化义。

《中国革命和中国共产党》第二章"中国革命":

帝国主义和中国封建主义相结合,把中国变为半殖民地和殖民地的过程,也就是中国人民反抗帝国主义及其走狗的过程。

中国现时社会的性质,既然是殖民地、半殖民地、半封

---

① [日]竹内实监修《毛泽东集》第 7 卷,(日本)北望社 1972 年版,第 100—101 页。

建的性质,那末,中国现阶段革命的主要对象或主要敌人,究竟是谁呢? 不是别的,就是帝国主义和封建主义,就是帝国主义国家的资产阶级和本国的地主阶级。①

这显然是对中国共产党第六次全国代表大会政治决议案相关论说的肯认。 西方研究者多认为,中国史学家(如郭沫若、范文澜等)是遵循毛泽东的论述,演绎泛化封建观的。 然而,从"泛化封建观"的形成过程可以看出,是郭沫若等史学家率先阐发"泛化封建观",而作为中共领袖的毛泽东随后采纳其说,又经过毛著的影响力,使泛化封建观传播开来。

（二）泛封建说的广为铺陈

毛泽东 1940 年初所撰《新民主主义论》重申上述封建观,又进而指出,"封建制"覆盖周秦以下三千多年来的政治、经济、文化诸侧面:

　　自周秦以来,中国是一个封建社会,其政治是封建的政治,其经济是封建的经济,而为这种政治和经济之反映的占统治地位的文化,则是封建的文化。

　　自外国资本主义侵略中国,中国社会又逐渐地生长了资本主义因素以来,即自鸦片战争到中日战争,一百年来,

————————

① 《毛泽东著作选读》上,人民出版社 1986 年版,第 322 页、第 324 页。

中国已逐渐变成了一个殖民地半殖民地半封建的社会。现在的中国，在沦陷区，是殖民地社会；在非沦陷区，基本上也还是一个非殖民地社会；而不论在沦陷区与非沦陷区，都是封建制度占优势的社会。这就是现时中国社会的性质，这就是现时中国的国情。作为统治的东西来说，这种社会的政治是殖民地半殖民地半封建的政治，其经济是殖民地半殖民地半封建的经济，而为这种政治经济之反映的文化，则是殖民地半殖民地半封建的文化。①

这一论述把周秦以来的中国是"封建社会"的总体结论，推及"封建的政治""封建的经济""封建的文化"各分论；又判定现代中国是"封建制度占优势的社会"，其政治、经济、文化都具有"殖民地半殖民地半封建"性质。

1945 年 6 月，毛泽东在中国共产党第七次全国代表大会上致闭幕词，论及当时中国现状，其中有一段生动形象、日后中国人耳熟能详的警句："现在也有两座压在中国人民头上的大山，一座叫做帝国主义，一座叫做封建主义。"②以后，"帝国主义""封建主义"加上"官僚资本主义"，被称为中国新民主主义革命所要"挖掉"的"三座大山"。于是，"封建主义"不仅是历史的遗迹，也是现实的存在，而现代社会相当一部分被

—————————

① ［日］竹内实监修《毛泽东集》第 7 卷，（日本）北望社 1972 年版，第 150 页。
② 《毛泽东著作选读》下，人民出版社 1986 年版，第 597 页。

视作腐朽、落后、反动的人与事，都归入此一"主义"之中，属于被打倒之列。

四、"五种社会形态"单线直进说：泛化封建的理论基础

在中共延安整风期间，苏联领导人斯大林的"五种社会形态"说传入中国。对于第一个社会主义国家执政党的权威理论，中国革命者信从无疑。新中国成立初期，采取了向苏联"一边倒"的对外政策，而《联共（布）党史简明教程》被规定作为干部和知识分子必修的政治及历史读本。该书根据斯大林所撰《论辩证唯物主义和历史唯物主义》的论述，以人类历史普遍规则之名，划分前后直线递进的"五种社会形态"。斯大林在《论辩证唯物主义与历史唯物主义》中说：

> 历史上有五种基本类型的生产关系：原始公社制的、奴隶占有制的、封建制的、资本主义的、社会主义的。①

斯大林认为，生产力决定生产关系，生产力与生产关系组成生产方式，而生产方式是决定社会发展的力量。由此，"五种生产关系"说被推衍为"五种社会形态"单线递进说：

---

① ［苏联］斯大林：《列宁主义问题》，人民出版社 1972 年版，第 645 页。

　　原始公社制恰恰被奴隶占有制所代替,奴隶占有制被
　封建制度所代替,封建制度被资本主义制度所代替,而不是
　被其他某种制度所代替。①

　　这就将"五形态"单线递进说固定化、模式化,并且更进
一步被宣称是"唯一"正确的论说。② 在"五形态"说内,斯
大林关于"封建制度"的诠释是:"在封建制度下,生产关系的
基础是封建主占有生产资料和不完全地占有生产工作者——农
奴。"③这是一种浮泛的"封建"定义,几乎可以囊括各种前近
代社会形态。

　　以"五种社会形态"说指导中国历史分期,中国的中古时
期被不容置疑地对应为"封建社会",秦汉至明清这颇不"封
建"的两千余年,被划入"封建时代"。

　　实际上,"五种社会形态"单线直进说,是某些人从西欧历
史中概括出来的,仅就"封建社会→资本主义社会"这一环节
而言,即是以偏概全的论断,更无法概括中国历史的真实进
程。将"历史单线递进"视为普世性规律,是盛行于 19 世纪
及 20 世纪初叶的古典进化论在史学领域的表现,之后就不断受
到质疑。

---

① [苏联]斯大林:《列宁主义问题》,人民出版社 1972 年版,第 640 页。
② 参见[苏联]《苏联共产党(布)历史简明教程》,人民出版社 1954 年版,第
　474 页。
③ [苏联]斯大林:《列宁主义问题》,人民出版社 1972 年版,第 648 页。

　　总之，1939 年以后是新名"封建"一词使用的第五阶段。之所以将这一年作为此一阶段的起始点，因为该年 12 月毛泽东的名篇《中国革命与中国共产党》发表，而斯大林的"五种社会形态"单线直进说也在此前后被定格为"普遍范式"，泛化"封建"的"经典定义"逐步广为沿用，并成为"主流话语"，以至于今日。

第四章

正本清源

第一节　马克思的"封建"论

泛化封建观一向被推尊为"马克思主义史学的果实"。持这种看法的,不限于中国国内,不少外国学者也把泛化封建观视作"正统的马克思主义历史观"。然而,这种观点其实是大可商榷的。作为严肃的社会科学家,马克思一向注重概念、范畴的准确性,坚守"封建"内涵与外延的精准,斥拒滥用"封建"的做法。

一、可以让渡的非贵族土地所有制与封建主义不相兼容

(一)"封建主义"的土地所有制规定性

马克思立足于对西欧中世纪特定的社会、经济、政治状况

（如封君封臣、农奴制、庄园采邑制、领主垄断土地、土地不能自由买卖、与人身依附并存的领主与附庸间的契约关系、政权分裂等）来论说 feudalism，尤其注意从土地所有制层面判定一个社会是否"封建"。

马克思在《德意志意识形态》中论及"封建时代的所有制的主要形式"时，强调"地产和束缚于地产上的农奴劳动"。在多次论及封建社会的基本特点时，强调土地以及名分、荣誉，都不是来自财货的商品关系，而是得自从上而下的封赐，是"勋格"的体现。"封建的土地所有权像君主国授予名义给君主一样，授予名义给他的主人"，强调自上而下的封赐土地及人民，是封建制的基本特色。

1867 年，马克思在《资本论》中进而指出：

> 在欧洲一切国家中，封建生产的特点是土地分给尽可能多的臣属。同一切君主的权力一样，封建主的权力不是由他的地租的多少，而是由他的臣民的人数决定的……①

马克思将封土封臣视作封建生产关系的前提，强调封建主控制臣民及土地是封建制度的基础。马克思又把人身依附确认为封建主义的特色，在论及欧洲中世纪时说：

---

① 《马克思恩格斯全集》第 44 卷，人民出版社 1995 年版，第 824 页。

在这里,我们看到的,不再是一个独立的人了,人都是互相依赖的:农奴和领主,陪臣和诸侯,俗人和牧师。物质生产的社会关系以及建立在这种生产的基础上的生活领域,都是以人身依附为特征的。①

恩格斯的见解与马克思类似。 他在《社会主义从空想到科学的发展》中说:"资产阶级所固有的生产方式(从马克思以来称为资本主义生产方式),是同封建制的地方特权、等级特权以及相互的人身束缚不相容的。"②这揭示了封建制的三大特点:贵族地方分权、等级制、人身依附。

(二)土地"不可让渡":封建经济制度的基本属性

在研究中古社会历史时,马克思十分注意经济层面的分析,特别是对土地制度的分析,认为农业是中古经济的主体,而农业的基础是土地,故考察土地制度是研究封建社会的切入点。

马克思在《黑格尔法哲学批判》中指出,封建社会与近代社会的土地制度是不同的,后者是"可以让渡的所有权",前者是"不可让渡的所有权"。 所谓"不可以让渡的所有权",是指封建领主的土地由国王或上级领主封赐而来,不得买卖与转

---

① 《马克思恩格斯全集》第44卷,人民出版社1995年版,第94—95页。
② 《马克思恩格斯选集》第3卷,人民出版社1972年版,第425页。

让。 是否保持土地的"不可让渡性",是区别封建制与非封建制的重要标准。

马克思概括封建主义的基本特征是:人身依附、土地不可让渡、超经济剥夺、权力分割、等级制。 这些特征是从西欧中世纪的社会存在中概括出来的。 但当他在研究日本社会史材料后,发现日本的中古时代存在深重的人身依附,土地是受封领主的政治特权,不得转让与买卖,形成与西欧中世纪类似的庄园经济,这种领主庄园是自给自足和闭关自守的整体,土地具有"非运动性",领主对农奴化的庄民实行超经济剥夺,因而对日本社会以 feudalism 相称。 与日本不同的是,印度、中国等其他东方国家的情形又别具一格。 马克思明确反对把封建主义概念(如封建领主职能、领地采邑制等)附会到土地可以让渡的印度、中国等东方国家。

(三) 非贵族性土地所有制不属于封建主义

马克思十分注意印度 11 世纪以后的社会变化,在摘录其年轻学术朋友、俄国学者马·柯瓦列夫斯基的《公社土地占有制,其解体的原因、进程和结果》一书时所写的评述中指出,农奴制和土地不得买卖等特点均不存在于 11 世纪以后的印度,故被穆斯林征服后的印度不是封建社会。

马克思还专门就土地占有的"贵族性"问题(也即土地可否出让问题)加以辨析,因为这是一个社会是否为封建制的标志。 马克思认为,印度不同于岁马—日耳曼因素混合成的西欧式封建主义，因为当地的土地占有形式并非是贵族性的，也即并不是"非让渡性的所有权"，西欧封建主义派生出的对土地的崇高颂歌，在印度也属罕见。 如此种种，11世纪以降的印度社会不能纳入封建社会行列。

二、 君主专制、村社结构的东方中古社会与封建主义不相兼容

马克思把分封导致的政权分裂视作封建主义的要素，因而他明确主张：中央集权的君主专制制度与封建制度是相悖离的。 在《哲学的贫困》中，他指出："封建主义一开始就同宗法式的君主制对立。"①而君主制的共有特点是以世袭君主为实际上的或名义上的国家元首，这是人类文明史上最古老、最普遍的政体形式。 等级分封制是在以分封为特征的封建社会实行的，表现为贵族与君主分权；而非封建社会往往实行专制君主制，君主及经由其任命的官僚掌控政权。

马克思认为，中国、印度等大多数东方国家（日本例外）前近代社会的基本形态是在高度分散和小农业与家庭手工业相结合的经济地基上，在星罗棋布的宗法式村社基础上，建立专制主义的君主集权政制。

马克思在《人类学笔记》中概括封建主义的本质特点：其

---

① 《马克思恩格斯选集》第1卷，人民出版社1972年版，第140页。

一，农奴制，没有农奴制的封建主义是不存在的；其二，土地归封建主所有，封地不具有可以自由买卖的商品性质；其三，封建主拥有世袭司法权，或领主审判权；其四，权力分散，君主专制集权与封建主义不相兼容。据此，马克思拒绝称印度等东方国家的前近代社会为"封建主义"，而将其称为"实行非资本主义生产并以农业为主的国家"。

三、 用马克思的封建观判断周秦以下中国社会形态

马克思虽然没有就中国的社会形态问题正面发表意见，但依其逻辑来分析，中国秦汉至明清显然不是封建社会。因为：第一，秦汉至明清，农业生产者的主体是人身大体自由的农民，并非有法定人身依附的农奴，在中国不存在占优势地位的农奴制；第二，自战国以后，中国的土地可以买卖、转让，贵族土地世袭制不占主导；第三，中国又有着比印度更加完备、更加强势的中央集权君主专制，阻止如同西欧国家权力分散的领主封建制那样的社会形态发展；第四，司法权掌握在皇帝控制的朝廷手中（所谓"王法"），封建主拥有的世袭司法权早在周代末年已渐次消除，私人（包括贵胄）行使司法权，被视为"没有王法"。

综上诸点，将秦汉至明清称"封建社会"，显然与马克思的封建社会原论格格不入。马克思有关中国中古、近古乃至近代的多篇专文中，从未将其时的中国称为"封建社会"，这与他们

将日本中世、近世称为"封建社会"形成鲜明的比照。

马克思坚持准确的"封建"界说，一再严肃批评滥用"封建"概念，反对将东西方中古社会等量齐观。有人将泛化封建观说成是"马克思主义史学成果"，将批评泛化封建观的意见戴上"反马克思主义"的帽子，显然是牵强而且徒劳的。同时，把马克思尖锐批评过的泛化封建观强加到他的头上，是很不公道的。就像马克思本人在答复俄国民粹派时曾声明的，他们加给他的"荣誉"，实则是对他的莫大侮辱。①

第二节　关注中国史自身特点的学者质疑泛化封建观

如前所述，参加中国社会史论战的一些学者信奉历史发展单线论，不同程度地以研究欧洲历史的模式裁量中国历史，导致泛化封建观的流行。但论战中及论战后也不乏拒绝照搬欧洲史模式的学者，他们从中国社会自身实际出发进行历史分期，并将古义与西义相通约，以诠释新名"封建"，昭示中国史研究健全的发展方向。

---

① 参见［德］马克思《给〈祖国纪事〉杂志编辑部的信》，《马克思恩格斯选集》第 3 卷，人民出版社 2012 年版，第 730 页。

一、周谷城及其《中国社会之结构》

兼攻中外历史的周谷城，取"古典封建论"参加中国社会史论战，20 世纪 30 年代初在新生命书局陆续出版《中国社会之结构》（1930）、《中国社会之现状》（1931）、《中国社会之前景》（1933）三书。 其第一本书将中国政治制度史分为五期："一曰无政治制度的时代"，"包括自邃古以至黄帝时为止的一个长时期"。"二曰完全的贵族政治时代"，"系指由黄帝至周武王十三年商纣灭亡时为止……封建制度，尚在酝酿"。"三曰封建时代"，周氏将其界定为："这个时代，系指由周武王灭纣，直到秦始皇实行完全专制一尊时为止的一个长时期而言（西历纪元前 122 年至 246 年）。 在这时期之内，政治制度，就是封建制度。 自周武王至周平王时，封建制度最是完全。自周平王至秦始皇时，封建制度乃渐衰落。""四曰封建一尊交替时代"，"指秦始皇到汉高祖的这个短时期言……所谓封建制度，便一变而为统治于一尊的郡县制度了"。"五曰自秦至于最近之政治"①。

周氏从政治制度史角度论述中国封建制度从酝酿、鼎盛到交替转化乃至废止的过程，与泛化封建观明显不同。

周谷城的中国古史分期，实以"封建制"为中轴线。 他说：

---

① 周谷城：《中国社会之结构》，新生命书局 1930 年版，第 30—41 页。

（一）自黄帝至于周初，为完全之贵族政治时代，封建政治，亦蕴于其中。（二）自周至秦为封建政治时代，而专制一尊的趋势，却已见端于春秋战国。（三）有秦一代，则封建政治与专制政治之交替时代。（四）自是以后，专制一尊成了政治之常规；他若封建余波，郡县封建并行，封建势力之反动等等，皆为变相。①

这秦汉以下"专制一尊成了政治之常规……封建余波……皆为变相"之说，颇具概括力。

周氏还从土地制度角度阐明封建制度的兴衰，虽对"井田制"的实存性持怀疑态度，但又明确指出"秦之废井田，开阡陌"启动了土地制度的新阶段，认为土地制度方面破除封建的变革对于秦一统天下发挥了决定性作用。

在《中国社会之结构》一书中，周氏还专列一节，作"官僚"和"地主"的考辨，提出中国古史转折的两个基本论题——官僚政治与地主经济。周氏所说的这种"地主"，正是春秋战国以后开始出现的土地可以买卖的新生产关系的代表者。这种新生产关系显然不同于贵族领主制，而是非封建性的。周氏虽然未能明确地指出这一关键所在，但已很接近此一重要结论。

---

① 周谷城：《中国社会之结构》，新生命书局 1930 年版，第 45 页。

二、 王亚南及其《封建制度论》

王亚南，马克思主义经济学家，1928 年开始与郭大力合译马克思的《资本论》，1936 年出版。 王氏也关注中国社会史论战，1931 年 6 月 1 日在日本东京完成《封建制度论》长文，刊发于《读书杂志》第一卷第四、五期合刊《中国社会史的论战专号》。 王氏通过对中国、欧洲、日本历史的比较，力图给"封建制度"一个科学的界定。 他将"封建制度"概括为以下几个特点：

> （一）以封土为基础。（二）受封者对于主人保有从属关系。（三）领受封土须经称臣受职仪式，作为领有关系之始。（四）受封者以封土为财产，永远传授子孙。（五）注重等级，首长—附庸—从者，如金字塔然。①

王氏认为，这五个特征，欧洲封建制度与中国封建制度都大体具备，基本定义似乎无大出入；而中国的封建制度则"以见于周室者为代表"②，于周秦之际解体。

---

① 《读书杂志》第一卷第四、五期合刊《中国社会史的论战专号》，《封建制度论》，第 5 页。
② 《读书杂志》第一卷第四、五期合刊《中国社会史的论战专号》，《封建制度论》，第 17 页。

该文最富于论战色彩的是"论证今日中国尚为封建社会之无根据"一目。 他认为，将确指殷周制度的"封建"覆盖秦汉直至当下，犯了"偷换概念"的错误。 王氏洞察到泛化封建观来源于洋教条：

> 赞成今日中国尚为封建社会者，所提出的论据，大抵得自外人，忘却了中国封建制度的特质。①

王氏论"封建"，注重概念的准确性，并力图通过中国、欧洲、日本封建制度的比较，求得封建古义与西义的通约，在忽视概念精确性的社会史论战期间，尤显难能可贵。

王亚南的封建起讫划分，后来也发生了变化。 在 1935 年编译的《中国社会经济史纲》中，王氏认为西周是"初期封建制度"，秦以后是"官僚主义封建制度"或称"专制官僚主义的封建制"，春秋战国是过渡阶段。 王氏以后在中国官僚政治的研究上锐意精进，1948 年所著《中国官僚政治研究》对秦汉以下中国政治制度的解剖颇有深度。 这时的王亚南虽然受到泛化封建观的影响，但仍然注意区分封建制与专制君主制，将官僚政治与封建贵族政治作为两个不同历史阶段的政治制度看待。

在"五种社会形态"说风靡中国之际，王氏改变了早年的

---

① 《读书杂志》第一卷第四、五期合刊《中国社会史的论战专号》，《封建制度论》，第 39—40 页。

封建观，他的《中国官僚政治研究》有这样的文字："单纯从形式上、从政治观点上考察，说中国封建社会在周末解体了，那是不无理由的，即作者在中国社会史论战开始时，亦是如此主张（见《读书杂志》'论战'第一辑拙作《中国封建制度论》），但后来对封建制作更深一层的论究，始觉得错了。"①然王氏仍注意到"以政权非集中化为特征"的"初期封建形态"与"集中的专制官僚统治的封建形态"之间的差别②。

王氏十分明确地肯认秦代在中国历史上的转折地位，肯认自秦以下两千余年间社会的两大特征——专制官僚政治和地主经济制度。而这两大特征正标示着秦以后与殷周的贵族政治和领主经济的差异。

王氏这里引述他本人与郭大力合译的马克思《资本论》中的结论，明确地将"封建主义"与"专制主义、官僚主义"区分开来，并列使用。类似的说法在《中国官僚政治研究》中还有多处，足见王氏后期仍自觉不自觉地与泛化封建观保持距离。

周谷城、王亚南在20世纪30年代初，对"封建"持古典义与西义相通约的观点、对泛化封建说的批评劲拔有力，其正面立论，理据清晰，堪称中国社会史论战期间的上乘之作。在特定历史条件下，二位后来改从泛化封建观，然仍以某种形式

---

① 王亚南：《中国官僚政治研究》，中国社会科学出版社1981年版，第52页。
② 王亚南：《中国官僚政治研究》，中国社会科学出版社1981年版，第53页。

申发不同于"五种社会形态"单线直进说的异见,这已属难能。 从思想史言之,某人某方面学术观点的辉煌处,可能在晚年,也可能在早年。 今日重温周、王二氏的早年论说,正可发现其思想的光耀处,这不仅会增添我们对前贤的敬重,还可以提升对思想学术发展历程复杂性的认识。

三、 胡适及其《今日思想界的一大弊病》

(一)《中国哲学史大纲》的"封建"观

以"输入学理,整理国故"自命的胡适,在其《中国哲学史大纲》中,把老子、孔子以前的二三百年(前 8 世纪至前 6 世纪)称为"中国哲学结胎的时代",其时势略为:第一,长期的战争。 第二,诸侯互相侵略,"灭国破家不计其数。 古代封建制度的种种社会阶级,都渐渐地消灭了。 就是那些不曾消灭的阶级,也渐渐地可以互相交通了"①。 这里所说的"古代封建制度",当然是指西周封建制。 胡氏肯认封建社会的等级制特性。 "古代封建制度的社会,最重阶级"②。 第三,"封建时代的阶级虽然渐渐消灭了,却新添了一种生计上的阶级"③。 这是指贫富悬殊的穷人阶级和富人阶级的对立。 第四,政治黑

---

① 胡适:《中国哲学史大纲》卷上,商务印书馆 1926 年版,第 38 页。
② 胡适:《中国哲学史大纲》卷上,商务印书馆 1926 年版,第 38 页。
③ 胡适:《中国哲学史大纲》卷上,商务印书馆 1926 年版,第 39 页。

暗，百姓愁怨。

胡适又把老子至韩非时期的哲学称为"古代哲学"，又名"诸子哲学"。而中国古代哲学（即"诸子哲学"）的"中绝时代"，在公元前 3 世纪前后（即秦一统天下前后）。胡适讨论"中国古代哲学的中道断绝究竟是为了什么缘故"，列出"四种真原因"：

（一）是怀疑主义的名学；（二）是狭义的功用主义；（三）是专制的一尊主义；（四）是方士派的迷信。①

其中第三点，谓战国、秦汉以后，封建制结束，转入"专制的一尊主义"时代。胡氏把主张"以法为教""以吏为师"的韩非、李斯，与主张"独尊儒术""以儒为师"的董仲舒都列为"定一家为一尊"的论者，他们都是"专制一尊主义"时代的思想家。

胡氏将殷商西周视作"封建时代"，秦汉以下视作"专制一尊主义时代"。这虽是从思想史角度作的时代划分，却切中了中国古史转折的枢纽处。胡适的中国历史分期，与严复、梁启超一致。

（二）主张"驱五鬼"，不赞成"反封建"

20 世纪 20 年代末以后，泛化封建观成为中国学界一时之

① 胡适：《中国哲学史大纲》卷上，商务印书馆 1926 年版，第 388 页。

显说。 胡适 1930 年 4 月发表《我们走那条路?》，宣称自己是
"孤陋寡闻的人，就不知道今日中国有些什么封建阶级和封建
势力"，明确表示了拒绝泛化封建观的意见。 该文提出"贫
穷、愚昧、疾病、贪污、扰乱""五鬼闹中华"之说，而未将
"封建"列入"鬼"中①。 他主张用改良的办法逐步消除"五
大恶魔"，而不是进行所谓的"反封建"革命。

胡适此文还批评周谷城《中国教育之历史的使命》《国家建
设中之教育改造》两篇文章中的"封建"概念混乱，指出周氏
在前文说"封建制度到秦始皇时破坏了"，后文却说"封建国家
又在秦始皇才完全确立"，这是前后抵牾。 1930 年 7 月 29
日，胡适致信《教育杂志》编者周予同，批评周谷城"压根儿
就不懂得什么是封建制度和封建国家"。 因当时周予同曾发表
过轻视概念辨析的言论，认为"封建"概念之争"这问题很简
单，不过是两个名词的争辩"，胡适反驳道："这个问题并不是
很简单的。 一班浑人专爱用几个名词来变把戏，来欺骗世人，
这不是小事，故我忍不住要指出他们的荒谬。"②可见，胡适高
度重视概念的辨析，对于时人在"封建"一名使用上的概念混
乱，以及对概念辨析的轻慢态度深以为忧。

---

① 《胡适文存》四集合印本，台北远东图书公司 1953 年版，第 314 页。
② 《致〈教育杂志〉编者》，见《胡适的日记（手稿本）》，转引自潘光哲《"封
建"与"feudalism"的相遇："概念变迁"和"翻译政治"的初步历史考察》，
收录在叶长宪、聂长顺主编《中国"封建"社会再认识》，中国社会科学出版社
2009 年版，第 104—132 页。

（三）痛论滥用概念是"今日思想界的一个大弊病"

胡适多次对学界存在的滥用概念问题提出批评，1935 年在《独立评论》发表《今日思想界的一个大弊病》，从"平日最敬爱的一个朋友陶希圣"的文章中举例，其中一例涉及"封建"的滥用问题。陶希圣《为什么否认现在的中国》一文说："胡先生在过去与封建主义争斗的光荣，是我们最崇拜最愿崇拜的。"对此一褒扬，胡适大不以为然，调侃说：

> 我搜索我半生的历史，我就不知道我曾有过"与封建主义争斗的光荣"。压根儿我就不知道这四十年的中国"封建主义"是个什么样子。

他所与之"争斗"的是"统一帝国"以下的某些文化现象。故胡适进而指出：

> 又如我们所攻击的许多传统思想和信仰，绝大部分是两千年的长期印度化的产物，都不是中国古代封建制度之下原有的东西。把这些东西都归罪到"封建主义"一个名词，其错误等于说痨病由于痨病鬼，天花由于天花娘娘，自缢寻死由于吊死鬼寻替身！①

---

① 胡适：《今日思想界的一大弊病》，1935 年 5 月 27 日《独立评论》第一五三号。

胡适明确反对把五四新文学运动归为"反封建",因为新文学运动所面对、所批判的是中国的封建制度大体终结之后所产生的文学形态。

胡适从"封建主义"概念辨析入手,发出重视术语厘定、概念精确性的呼吁,关涉学术健康发展之宏旨。可惜,长期以来并未引起人们的警醒。

四、瞿同祖及其《中国封建社会》

在 20 世纪 30 年代关注社会史论战,并由此而系统研究中国封建社会的史学家,瞿同祖算得一位。其《中国封建社会》自序明确指出中国社会史论战的核心问题:

> 因对于封建社会含义及内容有不同看法,中国封建社会的时代问题便成了论战的中心。①

瞿氏以一种平和的态度致力于封建制度本身的学术考释,对封建性的特权阶级的属性加以概括,进而以这种中西通识式的标准衡量中国古史,认为"封建时代,应当从周代起",声称:"我不想将封建社会看成一种静的制度,我试图分析他的形成以至崩溃的过程,解剖他的各种社会组织的功能及彼此间的关系。"

---

① 瞿同祖:《中国封建社会》,商务印书馆 1937 年版,第 1—2 页。

瞿氏与周谷城一样，都认为周代是封建社会；但两人的论证有区别。 如果说周谷城侧重从政治制度确认周代为封建社会，那么瞿同祖则从经济生活、土地制度、政治结构、社会阶级诸方面论述中国的封建社会。 但瞿氏的封建社会概念大体实现了古典义与西义的通约。 以这样的"封建社会"概念去观照中国古史，瞿氏的结论与周谷城基本一致。

瞿同祖《中国封建社会》一书，论战色彩较淡，通篇正面陈述，较好地综合了中国古典封建论与西洋封建论，昭显了二者相"涵化"的可能。 而这种中西涵化的封建论，正是疗治泛化封建观的良药。

五、钱穆及其《国史大纲》

1939 年钱穆著《国史大纲》出版，对中国社会史论战期间定型的泛化封建观作了相当尖锐的抨击。 钱氏从政制、学术等方面论证周秦以下的中国社会"不足以言'封建'"[1]；还从经济生活、土地制度方面论说秦汉以后的中国社会的非封建性。

钱氏也不赞成陶希圣等人将汉以后的中国社会称为资本主义社会。 在驳斥泛化封建观之后，钱氏认为泛化封建观的症结是以欧洲模式套用中国历史。 钱氏质疑西方历史分期的普世性，认为欧洲史的分期并不适用于中国历史。 他的《国史大

---

① 钱穆：《国史大纲》，商务印书馆 1948 年版，第 18 页。

纲》将中国史诸阶段划分为：由西周的"宗法封建"到战国的"新军国"，进而到秦汉的"大一统政府创建"，至魏晋南北朝则为"变相的封建"……总之，钱氏按中国历史的实际进行分段概括，而不以西欧模式硬套。他认为：

> 何以必削足适履，谓人类历史演变，万逃不出西洋学者此等分类之外？①

钱氏没有给战国以下的中国社会拟定一个总名，指出："从春秋以前之宗法封建，转移到战国时代之新军国"，是中国政治、社会一大剧变。② 他的历史分期的视角主要在政治制度方面，略于经济制度层面的观照；但其从中国历史实际出发的思路，有可采之处。他还对泛化封建论"懒于寻国史之真，勇于据他人之说"③进行了批评，值得体味。

六、 张荫麟及其《中国史纲》

被时人称为"史学天才"张荫麟，1941 年在《中国史纲》中对中国的封建社会与郡县社会予以界说，将周代的"封建帝国"与秦汉以后"统一的郡县的帝国"作为两大对应的历史段

---

① 钱穆：《国史大纲》，商务印书馆 1948 年版，第 18 页。
② 参见钱穆《国史大纲》第二编第五章"二 从宗法封建到新军国之种种变迁"。
③ 钱穆：《国史大纲》，商务印书馆 1948 年版，第 19 页。

落。在这一意义上,张氏将泛化封建观批评为概念"滥用"①,进而正面立论曰:

> 严格地说封建的社会的要素是这样:在一个王室的属下,有宝塔式的几级封君;每一个封君,虽然对于上级称臣,事实上是一个区域的世袭的统治者而兼地主;在这社会里,凡统治者皆是地主,凡地主皆是统治者,同时各级统治者属下的一切农民非农奴即佃客,他们不能私有或转卖所耕的土地。照这界说,周代的社会无疑是封建社会。而且在中国史里只有周代的社会可以说是封建的社会。②

张氏这里所言"地主",非指后世的土地可以买卖的地主,而是泛指的"土地主人",此处实指封建领主。张氏所谓"凡统治者皆是地主,凡地主皆是统治者",揭示了封建社会的一个基本属性——地权与政权合一。

张荫麟关于封建社会的厘定,切合"封建"的固有古义,又与西欧中世纪列国的政治形态 feudalism 大体相符,并注意了对此一政治形态作经济上的和社会结构上的说明,可以视为一种涵盖东西方封建社会的界说。张氏把中古中国社会史的"中心问题之一"概述为"从这散漫的封建的帝国到汉以后统一的

---

① 张荫麟:《中国史纲》(上古篇),正中书局 1948 年版,第 27 页。
② 张荫麟:《中国史纲》(上古篇),正中书局 1948 年版,第 27—28 页。

郡县的帝国"①，此语甚得要领。

七、雷海宗及其《中外的春秋时代》

雷海宗兼通中国史与外国史，对东西方封建制的内涵有全面的认识。雷氏治史，恰值泛化封建观形成以至流行之际，然雷氏拒绝滥用"封建"，始终从古义与西义相兼容的意蕴上阐发"封建"的内涵与外延。

雷氏较系统地论述"封建制""封建时代"，始于1936年所撰《断代问题与中国史的分期》，该文把公元前1300年盘庚迁殷认作"封建时代的开始"，把公元前1200年至公元前770年，即殷商西周称为"封建时代"，把公元前770年至公元前473年（春秋）、公元前473年至公元前221年（战国）称为"列国时代"，把公元前221年至公元88年（秦汉）称为"帝国时代"。②

雷氏1941年所撰《中外的春秋时代》，从制度层面概括了"封建时代"的三种特征：第一，政治的主权是分化的。最高的政治元首并不能统治天下的土地和人民，天下的土地大都分封给诸侯，诸侯实际上各自为政，又把土地分封给卿大夫，分别治理。第二，社会阶级各据法定地位。在封建时

---

① 张荫麟：《中国史纲》（上古篇），正中书局1948年版，第27页。
② 参见《伯伦史学集》，中华书局2002年版，第140—148页。

代，每个人在社会的地位、等级、义务、权利、责任，是由公认的法则所分派的。 第三，经济上，所有的土地都是采邑，而非私产。 土地自由买卖，最少在理论上不可能，实际上也不多见。①

雷氏对"封建时代"特征的概括并不局限于中国，而是对中国的殷周和西欧中世纪这两个东西比照的"封建时代"的综合。 他指出，中国与西欧"这两个文化可供比较之处特别的多"②。 但雷氏不赞成将西欧历史模式套用于中国历史，他一方面揭示殷周封建制与西欧封建制的相似之处，又反对把中西历史作时段对应，指出中国的封建制展开于公元前 14 世纪至公元前 7 世纪，而西欧封建制则展开于公元 6 世纪至公元 7 世纪以后，时间上相错近两千年。 直至盛行"五种社会形态"说的 20 世纪 50 年代中期，雷氏还多次阐发自己的历史分期观点，坚持认为中国不存在完整的奴隶社会，中国封建时代在殷周，秦汉是帝国时代，从而抵制泛化封建观。

八、 李剑农及其《中国经济史讲稿》

李剑农 1943 年在新中国书局出版《中国经济史讲稿》，从中国历史的实态出发，诠释"封建社会"。 他没有照套"五种

①参见《伯伦史学集》，中华书局 2002 年版，第 217—219 页。
②《伯伦史学集》，中华书局 2002 年版，第 221 页。

社会形态"公式,称"封建为立于氏族共产制与个人土地自由制中间的一种制度"①。他认为西周是典型的封建社会,并列举"周初进入封建组织之史迹及其原因"②,又展开论述"宗周时期封建制度之进展"③,进而指出"封建制度之在中国,春秋时已达于发展成熟之期,然其崩溃之形势已显然可见"④。李氏指出,腐蚀封建制的势力有经济的和政治的两方面,经济方面是指生产力进步,以农奴为生产手段的农业发生变化,封建基础被破坏;政治方面是指集权国家形成,封建之上层结构被破毁。对于秦以后的社会形态,李氏的总评语为:

就经济上之总形态言,封建组织的原则虽已破毁,其残余之遗骸犹未尽灭也。⑤

李剑农从经济制度切入,界定周代"封建制"与秦汉以下"个人土地自由制",解析两制的区别性及联系性,发表有关中国古史分期的见解,对于还复"封建制"的历史内涵,纠正泛化封建观之偏失,富于说服力。

---

① 参见李剑农《中国经济史讲稿》第一编,新中国书局 1943 年版,第 17 页。
② 参见李剑农《中国经济史讲稿》第一编,新中国书局 1943 年版,第 20—23 页。
③ 参见李剑农《中国经济史讲稿》第一编,新中国书局 1943 年版,第 24—30 页。
④ 李剑农:《中国经济史讲稿》第一编,新中国书局 1943 年版,第 30—31 页。
⑤ 李剑农:《中国经济史讲稿》第一编,新中国书局 1943 年版,第 5 页。

九、 缪凤林及其《中国通史要略》

"学衡派"代表人物之一的缪凤林是长期用力于中国通史构建的史学家，他从中国历史的真实进程出发，论述中国历史分期，始终抵制泛化封建观。 20 世纪 30 年代，缪氏撰《中国通史纲要》；抗战期间，又将《中国通史纲要》精简、修订为《中国通史要略》。 其中国史"十时代"说，颇有可观之处；其中第二时代为"唐虞夏商西周曰封建时代"。 缪氏将"封建时代"的制度概括为三：封建、授田（井田）、宗法，而三者"皆与封建为因缘"①。 缪氏说：

> 封建授田宗法，古代王者治天下之大器，亦中国古代政制之结晶也。 自政治言为封建，自经济言为授田，自社会言为宗法，三者息息相通，其余礼乐刑政，则皆三者之用而已。②

缪氏的历史分期，综合了政治、经济、社会诸层面。 而论及东周，缪氏从殷商西周的封建、授田、宗法三个基本制度的崩解出发，将其定名为"列国时代"，认为"列国时代各方面之

---

① 缪凤林：《中国通史要略》，东方出版社 2008 年版，第 7、42 页。
② 缪凤林：《中国通史要略》，东方出版社 2008 年版，第 43—44 页。

异于封建时代"①。 至秦汉,"国史则由列国时代,而转入统一时代"②。 缪氏坚拒将秦汉以下称为"封建时代",特别指出,秦汉是否定了"封建"的"统一时代",而秦代确立的"非封建性"的郡县制延绵后世,"制度亦皆承秦而不承周"③。 这正指明了汉至清两千年间制度的主流,并非西周之封建,而是秦政之郡县。 中国前近代社会之非封建性明矣!

十、 费孝通及其《皇权与绅权》

费孝通虽未专门系统论述中国的封建制度问题,但也曾对"封建制度""封建时代"作过讨论。 在《论绅士》一文中,费氏开宗明义曰:

> 绅士是封建解体,大一统的专制皇权确立之后,中国传统社会中所特具的一种人物。④

显而易见,行文中的"封建"是与"大一统的专制皇权"相对立的概念,指的是殷周封建制,与秦汉以后的"大一统的专制皇权"另成一格。 费氏扼要表述"封建"的内涵:封建制

① 缪凤林:《中国通史要略》,东方出版社 2008 年版,第 56 页。
② 缪凤林:《中国通史要略》,东方出版社 2008 年版,第 63 页。
③ 缪凤林:《中国通史要略》,东方出版社 2008 年版,第 85 页。
④ 费孝通:《乡土中国》,上海人民出版社 2006 年版,第 81 页。

度中，政权并不集中在最高的王的手上。这是一个层层重叠着的权力金字塔，每个贵族都分享着一部分权力。王奈何不得侯，侯也奈何不得公，一直到士，都是如此。他们在一定的范围之内，各层有各层的政权。①

经过中国社会史论战，泛化封建观逐步流行于中国的社会科学界，至20世纪40年代，将秦汉至明清称为"封建时代"已较为普遍，"封建制"与"大一统的专制皇权"合二为一成为被混淆的概念。难能可贵的是，此时费孝通仍然坚持古典义与西义相统一的"封建"概念，将其与"大一统的专制皇权"严格区分开来，从而保证了费氏的中国社会史论的科学性。

费氏在《论师儒》中，再次对"封建时代"与"皇权时代"加以区分：

> 在封建时代，主权属于贵族；在"朕即国家"的皇权时代，主权属于皇帝。②

根据上述社会形态分野，费孝通对儒家及孔子予以界说，特别指出"孔子并不是从贵族血统中获得他的地位的，并不直接来自政统"，这显然是一种"非封建"的权力，孔子的"素王"地位得之于"离开封建系统的来源"③，这便是与"政统"

① 费孝通：《乡土中国》，上海人民出版社2006年版，第81页。
② 费孝通：《乡土中国》，上海人民出版社2006年版，第97页。
③ 费孝通：《乡土中国》，上海人民出版社2006年版，第100页。

相并列的"道统"。

费氏揭示，中国的政统与道统分离，与西洋的政教分权有相似之处，而差别在于：欧洲中古皇权降服在宗教之下，政教分离的结果是民权抬头；而中国的"道统和政统，一是主动，一是被动"，道统只能消极地等待机会，奉天制约皇权的企图往往流产，道统成为政统统治人民的工具。

费氏将孔子的时代（春秋末年）定为"封建和皇权交替过程的前期"，从而较真切地揭示了孔子思想的时代性及矛盾性，揭示了孔子被帝王及士大夫共尊并祀，以至于被推尊为"万世师表"的原因。费氏并非思想史专家，然而却能够对儒家及孔子作出精辟评断。这得益于他对儒家及孔子的时代特征的准确把握。这种把握的前提，是费氏对中国古代社会形态的科学认识，尤其是他明晰区分了"封建"与"大一统的专制皇权"的界限，有别于照搬"五种社会形态"说的论者。

十一、梁漱溟及其《中国文化要义》

（一）"封建"定义辨

梁氏对于"封建"的界说多有自见，这集中反映在构思于1941年、完成于1949年的《中国文化要义》之中。书中有云：

> 何谓封建？封建和解脱于封建，以何为分判？简单说，

　　封建是以土地所有者加于其耕作者之一种超经济的强制性
剥削,为其要点。他如经济上之不出乎自然经济,社会上之
表见身份隶属关系,政治上之星罗棋布的大小单位,意识上
之不免宗教迷信等,大抵皆与此要点天然相联带者。解脱
于封建,就是解除这些,而以解除其要点(强制剥削)为主。①

　　梁氏不赞成"地租剥削构成封建制"的论断,以为其说混
淆了封建制与建立在地主制基础上的专制帝制,他引述米诺贾
托夫《英国中世纪的领地》一书中的话说,"封建"的要领在于
政治上的分裂和经济上的强制(由于存在人身依附关系),这
两点在东西方封建时代都是存在的。 基于对"封建"古义和西
义的贯通认识,梁氏指出:

　　　　束缚经济进步的土地封建制度,像欧洲直存在到十七
　　八世纪的,在中国则西历纪元前二百多年已见破坏了……②

　　梁氏的历史分期,着眼于经济制度(特别是土地制度)的
辨析。 他对中国封建社会终止期的判定,与严复所论(封建
"讫于周",秦以后为"霸朝")十分相似,而大异于泛化封建
论(将封建社会延及近代)。

　　———————————————

① 梁漱溟:《中国文化要义》,正中书局 1949 年版, 第 175 页。
② 梁漱溟:《中国民族自救运动之最后觉悟》,村治月刊社 1932 年版, 第 47 页。

（二）实证考察

梁氏议"封建"，并未止于文献材料的引述，还依据对邹平、定县等华北农村的社会调查，以实证材料揭示，现代中国北方多数农民有地，也未受到超经济的强制性剥削。基于社会调查材料，梁氏对中国"农业社会"作出两点概括：

> 第一，土地自由买卖，人人得而有之。
>
> 第二，土地集中垄断之情形不著；一般估计，有土地底人颇占多数。[1]
>
> 封建之世，耕作者随附于土地，而不得如我们在邹平、定县各处之所见，其土地是封建解放后的土地，其去之情形，后来中国并未见有。[2]

梁氏的结论是，中国早已于两千年前从封建制之中解脱，形成地主—自耕农经济，地产不再是政治特权，而仅为一种财富的拥有，买卖转让悉听尊便；封赐土地人民、领主经济的封建制度已成为过去。

综合经济上、社会上、政治上、意识上的情形，梁氏认定，秦汉以下的中国"封建已得解放"，并论述中西封建解体的

---

[1] 梁漱溟：《中国文化要义》，正中书局 1949 年版，第 150 页。
[2] 梁漱溟：《中国文化要义》，正中书局 1949 年版，第 176 页。

差异："西洋在封建社会后资本社会前，那一过渡期间，政治上曾表现王权集中。但旋即转入限制王权（宪政），故其为期甚短。恰相反的，此在西洋极短暂者，在中国却极绵长。中国封建削除，同一表现王权集中；乃不料此一集中，竟无了局。它一直拖长二千余年。"①中国的封建解体，并未像西欧中世纪末期那样向资本主义过渡，而是另有路径；"秦汉以来之谜，恰藏在中国封建解体之特殊中，由此入手，即不难阐明一切。"②此正切中了中国中古、近古乃至近代历史研究的症结所在。

十二、齐思和、胡厚宣的思考

（一）致力"封建"本义与西义相涵化的齐思和

博通中西的齐思和认定周代为封建社会，将周秦之际视为封建社会向专制一统社会转化的关口。1935 年在哈佛大学撰写的博士论文《春秋时期中国的封建制度》，从封土制、贵族政治、领主经济诸层面探讨中国的封建制度，较成功地实现了"封建"古义与西义的涵化。

1937 年底，齐氏在《燕京学报》第二十二期发表长篇论文《封建制度与儒家思想》，首先论列"封建"之古义（"皆指封

① 梁漱溟：《中国文化要义》，正中书局 1949 年版，第 174 页。
② 梁漱溟：《中国文化要义》，正中书局 1949 年版，第 177 页。

国而言")与今义("乃指社会进化之一阶段"),进而从政治、经济、社会三方面概述西洋及中国封建社会之特征:"在政治方面,封建社会最重要之特色为中央政权之微弱,地方政府之专权,与夫公法与私法之混合。"经济特点在"一切地权皆由受封而来",土地不得买卖。封建社会之基础是"农业经济"。社会特点在"分贵族与庶人两大阶级"。齐氏指出,这三方面特点密不可分,共同组成封建社会。中西封建制度虽有出入,但大要"相差无几"。中国封建制度之萌芽,"虽或起源甚早,至殷时已具雏形,然大规模而有系统之封建制度,则至周初始经成立"。春秋战国,封建制渐趋解体,孔子及其儒家的"复周""复礼"诉求,便是对理论化的西周封建制的向往,而法家则是为专制一统社会作政治规划。

在泛化封建观开始流行之际,齐思和坚持准确的"封建"界说,明确指出:自秦开端的中国社会,就主体而言,"封建制度之实质已亡,不得复以封建社会目之"。齐氏以此一判断为中轴,作出富于独立思考的中国历史分期,以此为基础,研讨儒家、墨家、法家的社会属性,破解中国思想史的若干关键问题,颇有创识。

在1947年所著的《周代锡命考》中,齐氏又以两周的封建制与西欧中世纪制度作比较,认为西欧封建社会的臣服礼、宣誓效忠礼等,均可在两周政制中找到相似之例。① 齐氏进而指

---

① 参见齐思和《周代锡命考》,《燕京学报》第三十二期,1947年。

出中西封建制的差异：中国没有西欧那样强有力的宗教势力（如基督教会），且中国所存在的宗教也对封建并不构成制约，政治统治与祭祀之职，统一于王、公、卿大夫一身。中国的宗法制度既是一个祖先祭祀制，也是再分封制。① 齐氏探讨中西封建制的异同，立足于中西"封建"概念涵化的坚实地基之上，着眼于中国古史实际，展现了概念辨析的学术规范。

（二）服从客观史料，因而真正坚持马克思主义的胡厚宣

因为泛化封建观一向是在"马克思主义史学"名义下展开的，并在大半个世纪间被中国多数人所"认同"，故为澄清此一论题，需要略为探讨：怎样的学术态度才是马克思主义的。这里举一位信从马克思历史学说的史家胡厚宣之例加以说明。

甲骨学及商史专家胡厚宣抗日战争时期著《殷代封建制度考》②，确认殷高宗武丁之际已行封建制度，这显然与当时被奉为马克思主义史学权威的郭沫若的殷周奴隶制度说不同，与"五种社会形态"说相违——根据"五形态"说，原始社会解体，步入文明门槛、建立国家的第一级社会，必然是奴隶社会，而胡厚宣则从古史史料中无法找到殷周奴隶制的证据。胡氏后来讲道：

---

① 参见马克垚《齐思和先生的会通之学》，《光明日报》2007 年 6 月 8 日史学版。
② 胡厚宣：《殷代封建制度考》，成都：齐鲁大学国学研究专刊，1944 年。

我当时方追求马克思主义，因此确信殷周为奴隶社会之说，但客观史料具在，又不容否认。因此对封建制度起源的理论和史实之矛盾将如何说通，亦尝留心。

在"理论"与"史实"发生矛盾时，胡氏坚持以具在的"客观史料"为出发点，没有服从与"客观史料"相违背的殷周奴隶社会这一"权威论说"（这种论说，当时被称为"马克思主义的"），而提出殷周封建社会论。应当说，胡氏坚持的此一学术路线才真正符合马克思学说的精髓——不是从概念出发，也不是从流行的、"权威"的模式出发，而是从客观存在的事实出发。胡氏进而指出：

现在人们认为封建就是古代国家形成的标志，又依恩格斯之说，雅典、罗马、德意志三个国家的形成及其发展途径，并不一致，也没有必要完全一致。

胡厚宣当年不可能得见马克思晚年的《民族学笔记》中译本，然其关于人类诸民族通向文明史的多样化路径的认识，恰与《民族学笔记》观点相吻合。①

总之，泛化封建观虽然自 20 世纪 30 年代渐居主导地位，

---

① 胡厚宣是先父挚友。两位老先生几十年前在笔者武昌家中切磋甲骨学的情景，至今鲜明如昨。20 世纪 80 年代初去北京胡府拜访，胡先生还一再询问先父遗著整理出版事宜及先父收藏甲骨片的去向。今书此目，以志对胡先生的纪念。

但与此相辩难的言说也不绝如缕。 这些论者约分三类：一为持中国传统史学观点者（如钱穆）；二为持欧美主流史学观点者（如瞿同祖）；三为马克思主义学者（如王亚南）。 他们都试图将"封建"的古义与西义相通约，从世界历史多元进展的视角观察中国古史。 其深浅精粗虽在可议之列，却是一份值得重新发掘与研讨的遗产。 以之与泛化封建观相比照，有助于人们认识中国近现代史学多彩多姿的全貌。

第五章

制名指实

对漫长的人类历史作时间向度的阶段划分，是历史学的一项基本使命。本章着重讨论：历史分期命名采何标准？秦至清两千多年的中国社会形态如何命名？

第一节　历史分期命名标准刍议

一、名辩之学不可轻慢

有关中国历史分期的命名是颇费斟酌的，却又切关紧要，绝非如陶希圣所说"名词之争""很无意义"。历史分期的命名，直接牵涉对历史叙事时空维度的把握，牵涉史学概念古今转换、中外对接的合理性问题。中国社会史论战的某些论者关于中国史分期的言论之所以前后矛盾，原因之一就在于轻视

"名词之争",忽略概念辨析。 当然,对命名问题采取轻慢、随意态度的,并非只有中国社会史论战的某些参加者。 大而言之,这是中国历史上形式逻辑不发达的一种积习的表现。

近八十年间,有关中国史分期讨论时起时伏,却不绝如缕,各家各派使用的分期名目歧异极大,似"任意梳妆打扮的小姑娘"。 个中因由,在于前文论及的学界忽视名辩的偏弊,在于将"名词之争"视作"很无意义"的认识惯性。 以笔者有限的阅览所及,在各种中国社会史论战中,人们并未就核心概念(如"封建")的厘定展开过认真的辨析;后来的多次中国历史分期讨论,学者们也没有正式开展关键词(如"封建")内涵及外延的考究,参论者各说各话,以致论争难以深入。 鉴于此种情形,我们现在再议历史分期,有必要预先确定历史分期的命名标准。 如果学界能在命名标准上取得基本共识,历史分期的探讨方可走上正轨,而不至于"论来论去,总没有抓住要领"。

二、 中国历史分期命名四标准

(一)命名标准刍议

关于中国历史分期诸阶段的命名,笔者试拟如下几条标准:制名以指实,循旧以创新,中外义通约,形与义切合。

其一,命名须准确反映该时段社会形态的实际,概括该时段社会、经济、政治、文化的本质属性，达成"名"与"实"的统一、"概念"与"指称"的统一，此谓"制名以指实"。这是命名的基本准则。

其二，新名若借用旧名，必有引申，以达成与旧名的间隔，如此方能形成区别于旧名的新术语。然而，新术语的引申义与旧名本义虽然发生跳跃，但又必须遵循旧名本义指示的方向，全然背离本义及其所指方向，便应放弃沿用旧的词形，另行制造新词。既然采用旧词形，便应沿着原有词义的方向引申，此谓之"循旧以创新"，"新义"对"旧义"既有创新，又保持内在联系和方向的一致性。这是名词引申的合理路向。

其三，命名需观照相对应的国际通用术语，其内涵、外延均应与之吻合或接近，以与国际接轨，不可闭门造车而成互不搭界之势，此谓之"中外义通约"。如果与相对译的外来词的含义不相关联，则不应宣称此汉字词为某外来词的译词。

其四，汉字是表意形声文字，所拟名目应能从字形推索其义，而不可形义错置，此谓之"形与义切合"（音译词不在此列）。"封建"与其本义"封土建国"（贵族政治、领主经济为其题中之义）保持了"形义切合"；而"封建"与其泛化义（"中央集权的君主专制""土地可以买卖的地主经济"），形与义全然背离，从汉语的词义学角度考察，不通之甚。

"制名以指实"是制定名目的基本准则，所谓"制礼定名，合从事实，使名实相副"，故以历史分期之"名"反映历史之"实"，概括历史阶段的本质属性，这是应予遵循的第一条命名标准，本书第三章"名实错位"中引述的泛化"封建论"已然广布，胡厚宣不附会"权威论说"，而由具在的"客观史料"出发，将殷周定名为"封建社会"，正是坚持"制名以指实"铁律的显例。此外，命名还需"循旧以创新""形与义切合""中外义通约"，弃此三条，前述"制名以指实"也将落空。

（二）旧名衍新名：间距化与因袭性的统一

坚持泛化封建观的论者称，他们使用的"封建"是新词，与古汉语之"封建"并无干系。这便涉及同一词形下新旧义的因革关系问题，故有必要专门讨论"循旧以创新"这一制名标准。

汉字往往一义多字、一字多义，甚或一字多音多义。正因为汉字具有多义性，汉字词便有可能发生含义的延展乃至跳跃，导致"间距化"，使得同一词形下的"新名"与"旧名"内涵及外延均发生明显变化。不过，这种造成"间距化"的引申，应当以原词的本义为起点，依其指示的方向推演。如此，旧辞赋新义方具备语文逻辑的合理性，人们才可以在理解中使用，或在使用中理解。

常见的旧词生新义的方法是，从原词的本义出发，令其含义缩小、扩大或转化。如"教授"，原为动词，意谓传授知识；宋代以降，衍为偏正结构名词，宋代府州设教授，负责教诲生员；明清府学设教授，训导生员，"教授"成了掌管学校课试的学官名称。"教授"的今义是在翻译 professor 时获得的，特指大学教师中的最高职称，与"教授"本义有别，形成"间距"；但此一新义显然是沿着旧名本义（传授知识）指示的方向作出的合理引申。 又如"物理"，古义泛指事物之理，明末方以智的《物理小识》所用"物理"已演化为"学术之理"，主要指自然科学之理。"物理"的今义是在翻译 physics 时获得的，收缩为自然科学中的一个门类，研究物质和能量的变化规律。此种新义也是沿着旧名本义指示的方向作出的合理引申。 再如"组织"，古义是纺织，有排列组合成序列的意思，今义是在翻译 organization 时获得的，转化为机体中构成器官的单位，进而引申为社会中按某种任务和系统结合成的集体。 此种新义仍然与旧名本义保有联系，是旧名本义的合理引申。

　　三例新名，含义均发生变化，形成与旧名的间距，方衍变为负荷别种意蕴的新术语，而原有词形所包含的信息大为拓展或精密化。 多数旧名向新名演绎时保持了承袭性，相互之间有语义发展的内在逻辑可循。 上述汉字新名与旧名的含义虽然有泛与专、宽与窄的区别，甚或所指发生了更改，但其意蕴却存在着意义的关联，新旧词义间保持着承袭与变异的张力，因而使用者稍运神思，便可发现二者间的演变轨迹，对词义的古今推演、中西对接，有所会心，易于受用。

　　本书讨论的"封建"一词当然是一个动态概念，前面章节已经论列：无论在中国还是在西方，"封建"都有复杂的演化过程。 但与任何概念一样，"封建"含义的演化并不能在"动态"的名义下，天马行空、驰骋任意；而应当遵循理则。 这理则之一便是"循旧以创新",即在本义所示方向上扩缩、引申，而不应把"反封建"的含义塞入"封建"这一词形之中，以致出现内涵、外延的紊乱。近大半个世纪流行的泛化"封建"，恰恰出现了这样的问题，造成概念合理性的丧失。

（三）意译新名应能从词形推及词义

汉字词义演化另有一法，便是"借形变义"。此法的要领在于，保持该词词形，抛弃原有词义，通过变换构词法，演化出新义。如"现象"一词，本为汉文有关佛教的术语，指佛或菩萨现出形象。近代日本哲学家西周在《人生三宝说》中借此词翻译 phenomenon，指经验所提供的并借助于感觉领悟的事物，是感性直觉的对象，与"本质"相对应。"现象"在中西词语对译时发生的演变，是"借形变义"的显例，而负荷新义的"现象"一词，因其符合汉语的基本语法，从词形可以推演出新词义来，故可理解。又如"民主"，旧名原为偏正结构名词，本义"民之主"，相当于"君主"；近代来华美国基督教新教传教士丁韪良以其意译 democracy，改为主谓结构，变义为"民自主""民作主"。当人们对"民主"一词的构词法的辨识由偏正式变为主谓式时，含义的变更亦不难理解。

上述皆为汉语旧名向新名的合理转化之例，它们都在改变构词法以后，达成新的"形与义切合"。然而，如果将旧有汉字词转变为新术语时，新术语既与古汉语义毫不搭界，

也不切合对译词的西义，又无法从汉字词的词形推导出新的
词义来（改变构词法也不能演化出与词形对应的新义来），
即新词义不仅与旧词义全然脱钩，也与词形毫无关涉，其新
义全然是外在强加的，便是一种"误植词"。泛化"封建"
即为误植词。

（四）在文化学术日益国际化的现代尤须注意译词的中外
义通约

新拟术语概念误植带来的不良后果，常会超越语言学范围
而直达思想文化层面，这是中外对接的译词特别容易出现的问
题。美国汉学家费正清编《剑桥中华民国史》一书指出，某些
西方概念汉译后，往往发生变异，如 individualism 一词，是欧
洲启蒙运动后表述人权和尊重个性的褒义词，译成汉语"个人
主义"，则演化为"利己""自私"的同义语，基本上成了贬义
词。此外，如"自由主义""权利"等译词，也有从英语原来的
褒义或中性义转变为汉语词贬义的情形。这表明异文化的通约
并非易事。若术语不能实现"中外义通约"，则可能形成"聋
子间的对谈"，各说各话，异文化的互动便会陷入困境。正因
如此，更须重视对术语概念的厘清，把握新拟术语在古今中外
语文坐标系上的确切位置，若有脱轨现象发生，应当引起相关
学科学者的注意与疗救。

第二节　秦至清:"皇权时代"

　　秦汉以下两千余载的中国,土地私有的"地主—自耕农制"(简称"地主制",与"封建领主制"相对应)是一种渐趋强势的存在,它与中央集权的"专制帝制"(与"封土建藩"相对应)互为表里,又同宗法制紧密结合。 秦至清的两千余年间,中国社会的基本面并非已成偏师的"封建制",而是由宗法制、地主制、专制帝制综合而成的社会形态。

一、 宗法制

　　"宗法"是"宗子之法"的省称。 所谓"宗子",指宗族的嫡长子,因被认作宗族始祖的嫡系继承人,为族内兄弟所共宗(尊),故称"宗子"或"宗主",即世袭族长。 宗子之法(宗法)讲的是族长的确立、继承、权力的行使等,其要领在于规范嫡庶系统,实行嫡长子继承制,以定亲疏、别统绪。 在张载看来,此制不仅可以维持家室、宗族(特别是世家大族),而且与朝廷政治的延绵、国家的安固大有干系。

　　作为宗族组织法的宗法制,由父系氏族制演化而来,《尔雅·释亲》谓"父之党为宗族"。 此制初奠于殷商,成型于西周，与封建制、等级制互为表里，共同构成那一时代的王室及贵族世袭制度。如此构造的"宗法"，不仅是"君统"之法（周天子与诸侯的继统法），也是"宗统"之法（各级贵族乃至平民的血亲关系法），宗法制由君统而宗统放大到全社会。

"宗法"与"封建"本是互为表里的两种制度。封建借宗法维系；宗法借封建张大。在西周珠联璧合的"宗法"与"封建"，至东周以后，逐渐发生复杂的离合变迁，总趋势是："封建"走向衰微；"宗法"则从政制向社会组织转移，并由与"封建"结合改变为与"君主专制"结合。

春秋战国时，郡县制逐渐取代封建制，命官、流官制取代世卿世禄制，加之嫡、庶的紊乱（不少公卿将妾提升为正妻，庶子得以继承爵位），导致"嫡长子继承"这一宗法制核心内容被破坏，这都促成宗法制呈解体之势，所谓"封建废，而宗法格不行"。这是两者"一损共损"的情形。战国时法家以"尊尊"代"亲亲"，以"法治"代"礼治"，即反映了这种趋向。以"兴灭国，继绝世"为要务的儒家则维护宗法礼治，高倡"复礼""归仁"。管仲学派综合儒、法，主张兼行礼、法，试图将宗法制与君主专制统一起来。汉代新儒家则集此论之大成。两汉以降，"封建"衰微，中国社会在国家层面大体是"宗法"与专制政制的结合，在乡村则是"宗法"与村社乡党的结合。

秦汉以下的社会实态是，封建制被郡县制取代，社会结构的基本单位由"宗族"变为"家族"，而宗法制却并未随风逝去，社会基层多为半宗法、半地域性的组织形式，这并非是某些学派鼓吹的结果，乃是由社会经济格局所铸就：在自然经济条件下，聚族而居的生活方式长期维系，根据血统远近区分亲疏的继承规则及相应礼制得以沿袭，尤其是宗族精神（即宗法观念）长期延传。而汉儒、宋儒以"亲亲"为本，推及"尊尊"的伦理—政治观，与长期延续的宗法制度、宗法思想相互匹配，构成社会意识主流。

秦汉以下的宗法制，已不是西周那种严格的、规范化的宗法制，而是一种较宽泛意义上的宗法制，或曰"变态"宗法制。这种"变态"的一大表现，是"忠君"压倒"孝亲"，从而大异于先秦以孝为先的宗法意识。进入皇权时代，孝道虽被继续强调（汉代号称"以孝治天下"），忠孝视作互动关系（所谓"求忠臣于孝子之门"），但当两者必取其一时，"忠君"便压倒"孝亲"，此谓之"忠孝不两全"。这是皇权至上的皇权时代不同于宗法封建时代的所在。

皇权时代虽然宗法观念发生变态，但改造过的宗法精神笼罩了秦以下两千年的社会，表现在以下几个方面：其一，父系单系原则广泛实行；其二，大体沿用宗法结构的家族制长盛不衰；其三，家国同构，宗法制与专制君主制合一，宗法与皇权相互为用。

宗法式的礼制是秦至清列朝皇统及贵胄继承的必遵之制，如皇帝及王侯的继承，宗法的"近支"原则是理当遵守的，违背此一原则，即被视作"乱制""违礼"，不少朝代为此引发过激烈政争，明代嘉靖间的"大礼议"、清代光绪初年的同治帝身后继嗣继统之争，均为显例，论争双方都以宗法礼制为据。 又如小说《红楼梦》所描写的荣国府贵族大家族，荣公死后，由长子贾代善袭爵，代善有二子：长子贾赦、次子贾政。 代善死后，平庸的贾赦承爵，较富才识的贾政只能通过科考取得功名。 这是严格遵循宗法制的"嫡长子继承"原则的例子。 小说所表现的，正是明清贵胄社会的生活实态。

宗法礼制在民间也保有物质形态及规范方式（如祖庙、祠堂、宗谱、族田、族学、族规等），并有自治化趋势。 宗法制直至近代在中国社会中仍发挥着重要作用（如曾国藩创建的"湘军"，宗法组织是一大依凭，宗法观念是重要精神支柱）。宗法观念（表现为崇祖、孝悌、移孝为忠、守节、同族一气等等）既流衍于民间，又加工提升为国家观念，如宋代皇帝诏曰"原人伦者，莫大于孝慈，正家道者，无先乎敦睦"，即为典型表述。 宗法伦理自庙堂之高，至江湖之远，莫不奉作圭臬。

近人严复在《译〈社会通诠〉自序》中论列中国宗法制延传数千年的情形，将人类社会的进程分为三大段落："始于图腾，继以宗法，而成于国家。"将"宗法"视作氏族社会（"图腾"崇拜为其特征）与国家出现后的社会之间的过渡形态。 就中国言之，由于农耕自然经济的早成与长期延续，使宗法制特别绵长。 严氏在《社会通诠》译序中称，直至近代的中国人"则犹然一宗法之民而已矣。"

二、地主制

春秋战国以降，封建领主制开始向地主制转化，秦至清土地制度的主流与封建领主制渐行渐远。

地主制可以完整地表述为"田土私有的地主—自耕农制"。这是战国以降，特别是秦至清间逐步形成的土地制度。在这两千余年间，土地国有（王有）与私有并存，总的趋势是土地所有权与政治权力渐相分离，封建领主制逐步淡出。

殷商西周实行土地不得买卖的分封采地制度，如《礼记·王制》所称"田里不粥（鬻）"（田地不得买卖），《管子》所称"农之子恒为农"（农人不许转作他业），《左传·昭公二十六年》所称"农不移"，《孟子·滕文公上》所说"死徙无出乡"（农人至死不得迁移出本乡），都是对封建时代土地制度及农民身份状态的表述。这种情形至西周末开始发生变化。卫盉、五祀卫鼎等的西周金文显示，周恭王时田土已可以论价交易，只是须经法定手续，订立契约，得到官方承认。《史记·周本纪》载，西周晚期的宣王之时变革体制，王畿"不籍千亩"，废除籍田（公田），田土分给直接生产者，"千耦其耘""十千为耦"，《诗经·周颂·噫嘻》式的共同耕作逐渐转变为小集体耕作乃至个体耕作。至东周，已是公田、私田并存，领主（《诗经》中常出现的"曾孙""主"即此）对农人保持着宗法家长的权威与温情。《诗经》的《小雅》《周颂》中的农事诗（如《甫田》《大田》《楚茨》《信南山》《载芟》《良耜》等篇）里即有所表现。

　　土地转让始于西周中期，西周青铜器铭文有记载。据格伯簋铭文，周孝王时，贵族格伯以三十块田换取富人佣生四匹马，这是以物易田的记述；此前的卫盉铭文载，周恭王三年，贵族矩伯以田换"朋"（货币），又用"朋"换取玉璋、虎皮等物，可看出早期的这种田物交易，已使用货币（朋）作为中介计价。田物交易广泛展开于春秋，有学者将此称为土地私有化，其标志是田土转让、交换。也有学者指出，实考春秋史迹，其间"有土地运动，却无土地市场"。春秋时期"土地运动主要是在诸侯与诸侯、诸侯与卿大夫、卿大夫与卿大夫之间进行的"，其方式有封赏、迁徙土著以重分土地、索取、以土地作政治性交换、对土地作政令性调整等。记载春秋时期土地买卖（"贾"）的材料仅在《左传·襄公四年》上发现一条："戎狄荐居，贵货易土，土可贾焉"；而且这里所说的是戎狄的牧场可以"贾"，也并不是指作为耕地的"田"可以买卖。至于《韩非子·外储说左上》所说"中牟之人，弃其田耘，卖宅圃"，此语常被引作田土买卖的例证，似不一定可靠，因为该文本只是说出卖宅圃（住房及其周边的菜园）与抛弃农田，并未言及出卖农田。总之，春秋时农田买卖的原始材料尚称薄弱。

　　《汉书·食货志上》载战国中期秦"用商鞅之法，改帝王之制，除井田，民得买卖，富者田连阡陌，贫者无立锥之地"，这是东汉史家班固对西汉董仲舒评论数百年前的"商鞅变法"

的追记，强调的是土地"民得买卖"必然导致土地兼并。 而董仲舒的"民得买卖"之说，是以汉代土地制度比附战国时秦国的情状，不一定能视作战国的原始状态。 事实上，战国七雄时代，各国仍然土地国有，实行国家授田制，诸侯国拥有土地，按制授田予民。 以秦国为例，商鞅变法并无"民得买卖"田土的明文规定，只是认可"名田"，即确认赏赐所得田宅以个人名义占有，并可传给子孙，故"民得买卖"是名田制的实际后果。《史记·廉颇蔺相如列传》载，赵括的母亲上疏赵王，称赵括不宜为将领，原因之一是赵括把赵王赏赐的金帛"归藏于家，而日视便利田宅可买者买之"。 这讲的是实在的土地买卖，然已是战国末年的事情。 总之，称战国田土"可买者买之"，大体能够成立，但材料并不丰富。 战国已普遍出现拥有小片土地的编户农人，他们还受到国家的"超经济"掠夺，有一定程度的人身依附。 至于在秦朝，实行的仍是国家授地制，而罕见土地自由买卖。 汉唐时期由朝廷分田给耕者，也一再发生（主要在两朝开国之初）。 秦以下的国家授地制，是专制集权的国家将土地授给直接耕作者，大不同于封建制的上级领主将土地和人民封赐给下级领主。 北魏至隋唐实行"均田"（国家将土地计口分配给耕作者），由于土地可以自由买卖，加之豪强势力的超经济剥夺，土地兼并渐烈，于是"兼并"与"抑兼并"成为列朝的一大政策之争。 而"均田"与"抑兼并"，都是为维护大一统专制皇权对农民的直接掌控，与皇权直达庶众的官僚政治是一脉相通的。

　　如果说土地"民得买卖"在先秦罕见载籍，那么土地私有制行于春秋则多有证据。《诗经·小雅·大田》"雨我公田，遂及我私"（好雨落到公田里，同时也落入私田）便是著名的文本记述。其时出现向国家缴税后垦殖者可以自耕、自获的"私田"，春秋晚期鲁国收取现物地租的"初税亩"，齐国最先实行的由"同养公田"的"助法"变为"履亩而税"的"彻法"，以及"郑子产作丘赋"，均为记载私田纳税的例子，这表明当时在封建领主制的"公田"之外，已别开"私田"局面。而春秋时晋国实行爰田（易田、换田），则昭示着田土的私有化与可转让性。战国时，鼓励垦殖私田是列国变法的题中之义，如发生在公元前4世纪的魏文侯时的李悝变法，即主张"尽地力之教"；楚悼王时的吴起变法、齐威王时的邹忌改革、韩昭侯时的申不害改革，都有此类题旨。而秦孝公时的商鞅变法，更使土地私有制得以普及。商鞅一派论者所作《商君书·徕民篇》，记述秦国招徕三晋之民开发秦国荒地，使私田大增，"任其所耕，不限多寡"。地主—自耕农经济长足发展，令秦"国富兵强天下无敌"。而秦代"使黔首自实田"，即命令有田庶众自报占有田地的实际数额，朝廷据此以征收赋税。这意味着在全国范围内肯定土地私有，土地私有正式有了法律体现。

　　以秦代"使黔首自实田"为端绪，秦汉以下，战国时的国家授田制渐渐退出主流。汉初至西汉中叶，国家授田以"名田制"形态残存，但土地买卖逐渐风行，《史记·萧相国世家》载汉初重臣萧何"贱强买民田宅数千万"为一显例。此后土地买卖屡见史书，土地私有长足发展。自汉哀帝以后，名田制废除，土地私人所有的地主制渐占优势。

需要说明的是，秦至清虽然土地私有渐渐普及，但土地为王、民所有的状况一直并存，如《明史·食货志一》所说："明土田之制，凡二等：曰官田，曰民田。"而且土地王有（官田）始终是名义上的最高制度理念，因此，秦至清的土地私有权是不完整、不完全自由的，其准确表述应当是：在土地王有（国有）制约下的土地私有制。

秦汉以降，中国的土地制度多有变化，东汉、魏晋南北朝，与门阀贵族制相伴生的领主庄园制抬头，自由农民向依附民转化，社会的封建性复振，故有中外史家将魏晋南北朝称为"准封建社会""变相封建社会"，此议不无道理。中唐以后，地主制恢复并发展，土地私有的地主—自耕农经济形成大势，自耕农即编户农民（中央政府登录入籍的农民）是农业劳动者主体，也是朝廷赋役的基本来源。这种农民不像欧洲中世纪的农奴那样有着严格的人身依附，但地权甚不稳定，破产者或成为地主的佃农，或成为贵胄的佃户。列朝初期，朝廷于战乱后掌控土地，用授田、均田等方式招募农人耕作或分田给农民自种，自耕农比例上升，以后土地兼并渐烈，还发生贵胄以至皇帝的"超经济"土地兼并。以明代为例，太祖赐勋臣公侯丞相以下庄田多者万亩，亲王田十万亩，群臣力争，乃减其半。孝宗、熹宗赐勋戚庄田达数百万亩，神宗更广占民田为"皇庄"，并欲封赐爱子福王四百万亩。但就总体而言，上列情形并未扭转土地私有的地主—自耕农制基本格局。

小农业与家庭手工业相结合的自然经济，是地主—自耕农制的基础，它是高度分散的、封闭的，需要一种综合机制统筹社会资源，实现某些大目标（如兴修水利、开辟道路交通、抵御异族入侵、维持社会秩序等），于是，君临一切的、强势的专制国家在分散的小农经济的广阔地基上巍然矗立。而专制君主政治则多把地主视作可靠的依凭阶层，甚至有的朝代明令商人不得为官，无资产者不能择补为吏。那么，何人既有资产又非市籍经商者呢？当然只有地主。地主成为专制帝王选拔官吏的基本群体。

三、专制帝制

与西欧、日本相比较，中国历史具有两大特色：一是封建制早成（以"西周封建"而言，即比西欧、日本封建制形成早了一千余年）；二是大一统的专制君主制下的官僚政治早成与长期延续（以"秦一统天下"而言，即比西欧、日本确立专制王权早了一千余年。周秦以降，专制主义君主集权政制成为定势，强势的专制王权在中国延续两千余年，在西欧、日本，专制王权只是中世纪末期一个较短暂的过渡阶段）。

在保有若干原始民主遗风的中国西周宗法封建社会，其君主制是一种有限君主制（等级君主制），周天子与诸侯、诸侯与卿大夫间保持宗法等级的依存关系。至春秋、战国，随着宗法封建制的式微与解体，原始民主遗风也渐次消弭，一方面是周天子大权旁落，尸位素餐；另一方面是各诸侯国内的专制主义不断增强。中央集权的专制王权，早在公元前四五世纪的战国即已初兴，齐、魏、赵、韩、秦、楚、燕"七雄"相继建立君主统摄大政的郡县制国家。而秦朝一扫六合，使这种"独制""独断"的无限君主制（专制君主制）在全国范围内得以实现。《史记·秦始皇本纪》载，秦王政二十六年（前221年），丞相王绾、廷尉李斯等上尊号议，建议以"泰皇"为尊号，后由秦王嬴政"去'泰'，著'皇'，采上古'帝'位号，号曰'皇帝'"。以此名目，秦王嬴政站在了权力巅峰，"海内为郡县，法令由一统"，"圣人执要"的专制帝制，至此实至而名归。

以公元前221年嬴政称制"始皇帝"为端绪，至1912年清朝末代皇帝溥仪逊位止，专制帝制历时二千一百三十二年，共有近五百个皇帝登极。此间政制跌宕起伏，而大势是中央集权于涨落间愈趋强化。以选官制度为例，汉行察举制，由丞相、列侯、刺史等推举，经科目（孝廉、贤良文学、秀才等）考核，任以官职，中央集权的官僚制度得以奠定。魏晋行九品中正制，特权世族把持政柄，出现"上品无寒门，下品无士族"的门阀政治格局。隋代废止乡官，剥夺贵族在出生地拥有的政治权力，又废止九品官人法，代之科举制，庶族士子得以登仕，中央集权官制复振。唐承隋制，分科取士之制趋于完备，吏部成为铨选官员的机构，取仕时辅以体貌、言谈，凸显贵族式选官标准，世族入官仍有便利。至宋代，科举制方摆脱贵族主义旧迹，士子全凭封闭式答卷考试入选，帝王得以直接选拔庶族士子，中央集权的官制更落到实处。科举制完成了"儒的官吏化"与"官吏的儒化"两个过程，它们共同增强了专制皇权对社会及思想文化的控制，呈现出与封建贵族政治多元化不同的走势。故秦以下政制虽多有更张，但总的趋势是君主专制之下的官僚政治走向完备，"大一统"从一种理念演变为活生生的现实。

中国传统政制不乏开明、理性的成分，历来称之"仁政"，但不足以否定中国皇权政制的专制性。而这种专制性，与中国文化久远深厚的"大一统"传统直接相关。由于受到礼制、礼俗、法律与官僚体制及贵族与地方绅权的制约，中国专制帝王的权力（皇权）不能说是无限的，但这些限定缺乏法制规范，贵族特权常被限制甚至剥夺，通常情形下，制约皇权的功能微弱；而礼制与官僚体制及地方绅权又臣服于帝王的威权，"命为制，令为诏"的帝王随时可以变制、罢官，因而掌控"六柄"（生、杀、富、贫、贵、贱）的中国皇权，其专制性是毋庸置疑的。自秦以后的中国历史，皇权至尊、至大，是一个基本的事实。

汉、唐、宋的专制帝制，大约只将权力伸及郡、县，而近古以至近代的保甲制度。故在近古、近代，中国的专制集权政治有增无减，真正达于登峰造极的程度。

秦汉以下，中国的王朝频繁更迭，但君主制却传承不辍。此种绝对君权，两千余年间有一起伏跌宕的演变过程。秦汉尚有丞相"一人之下，万人之上"，然西汉朝廷及其他朝代一直在寻求控制相权的办法，如西汉中期建内朝以削减外朝，后为通例。东汉、魏、晋、隋、唐，"高门大族"享有政治特权，州牧、方镇则各领封疆，实权在握，构成中央皇权之外的势力中心。至宋代，贵族制消弭，立国之初武人交权（所谓"杯酒释兵权"），地方权力被朝廷分割、直辖，权力集于朝廷。延及明清，更集权于帝王个人，自明太祖废除丞相制，并相权入君权，六部直接受制于皇帝，号称"无宰相之名，有宰相之实"的内阁大学士，也只有"票拟"（建议）权，而无"批红"（决策）权，在多数情形下不过是帝王的秘书，且"批红"由皇帝亲掌，或由司礼秉笔太监代掌。明清君主集权达于极致。

中国的君主专制时代有各种监察机构，有学者以此例质疑中国古代政治的专制性。但只要对此类监察机构的实际效用加以考察，即可发现，它们的功能只是对各级官僚加以监督，但并不构成对皇权的制衡，在大多数情形下，是对专制皇权的强化。

鉴于此，近代孙中山提出包括立法权、裁判权、行政权、考选权、纠察权独立的"五权分立"说，这是更革君主专制集权的一种方案。由于种种原因，中国政治制度的近代转型以革命形态实现。而孙中山领导的辛亥革命，其意义不仅在于推翻清王朝，更在于结束了沿袭两千余年的专制帝制，成为中国历史划时代的界标。如果说，战国终结了"宗法封建制"，代之以大一统的"宗法皇权专制"（王夫之的《读通鉴论》称为"古今一大变革之会"），那么，辛亥革命则终结了"宗法皇权专制"，代之以"民主共和制"，故可称为再度的"古今一大变革之会"。当然，皇权专制的惯性力量绝非一场革命所能荡涤，故孙中山有遗言："革命尚未成功，同志仍须努力。"

四、宗法地主专制社会

综论之，秦汉以降两千余年间，在中国长期延续的，不是渐居次要的"封建制"，而是由宗法制、地主制、专制帝制综合而成的社会形态。在西欧、日本有典型表现的封建化的三特征——农民农奴化、土地庄园化、政权多元化，在中国秦至清两千余年间，其大势与之背反，领主制渐为地主制取代，贵族政治渐为官僚政治取代，政权分割演化为中央集权，农民逐渐拥有基本的人身自由。故将秦至清冠以"封建社会"，显然名实不符，而称之为"宗法地主专制社会"，似可昭示这两千余年间社会组织、经济结构、政治体制诸层面的基本特征。

然而，上述名称不够简洁明快，若能在三要素之上拟一总名，方称全解。在综观秦至清社会的贯穿性三要素（宗法制、地主制、君主专制）后，便会发现其上高扬着一面统辖万象的大纛，上书"皇权"二字。这种以宗法关系（较之西周原生态的宗法制已发生改变）为社会结构，以地主—自耕农土地制度为经济基础，以官僚政治为运行机器的"皇权"，是一个特定历史阶段的标志，它在"宗法封建时代"的商周时尚未出现，在

"共和时代"的清以后基本终结，虽然近代其余韵流风并未止息。 秦至清两千余年间，"皇权"大行其道，并且愈演愈烈，故将这一历史阶段称为"皇权时代"，既名实切合，也较为传神。

秦至清的两千余年间，各种典制、习俗、思想多有阶段性的迁衍变化，略言之，以中唐为界，分作前、后两期：秦至中唐为"皇权时代前期"，其地主经济、官僚政治粗具规模，却又保留领主经济、贵族政治的若干遗存，在某些时段（如魏晋南北朝）这种遗存有张大之势；中唐至清末为"皇权时代后期"，领主经济、贵族政治淡出社会舞台，地主经济、官僚政治日趋成熟，专制君主集权迈向极峰。 以辛亥革命推翻专制帝制为端绪，中国迈入"共和时代"。

结
语

围绕"封建"名实问题的隐性分歧和显性论争，自 20 世纪初叶以来已进行了将近百年，迄今尚无定论。 对于这种分歧及论争的原因与性质，似可作如下估量。

一、 这是近代新文化的组成部分——新史学内部的歧见，昭显了新史学诸派对于中西历史统一性与多样性辩证关系的不同认识

在中国传统语境中，"封建"与"井田""学校"并列，是古老而常青的议题。 对"封建"的社会功能，历来褒贬扬抑，莫衷一是，然"封建"的含义却从未偏离本义（封土建国）指示的方向，故从先秦到清末，只有关于"封建"的价值评判之争，而没有关于"封建"的概念分歧之辩。 在传统中国乃至包括日本在内的整个汉字文化圈，"封建"的内蕴虽有引申、变迁，其基旨却是稳定的。 这便是本书所论之"封建本义"的基

本情状。

时至 19 世纪末，情形发生了变化：接受西学东渐洗礼的"新史学"以古汉语词"封建"翻译表示西欧中世纪制度的术语 feudalism，"封建"超越以分封为基本内容的政治制度的范域，演变为一个反映世界性历史阶段和社会形态的史学关键词，这是史学现代化、全球化的表现。然而，"封建"概念的拓新也包藏着风险——由于中国与西欧、日本的历史实态存在重大差异，封建制在上述各地的表现形态、经历时段、上下承接的社会类型皆大相径庭。如果忽略这些区别，将世界各地中古及近古历史一概囊括在"封建"名目之下，势必导致名实错置，引发历史叙事的紊乱。以郭沫若为代表的 20 世纪上中叶的新锐学者，执着于对历史普遍道路的探寻，这本是很宝贵的追求；但他们在强调历史发展的"统一性"之际，排斥历史发展的"多样性"存在，为求得"历史共同道路"的表述，不惜改变"封建"的基本内涵，将东西方的中古形态一律纳入"封建社会"，从而把制度主体"去封建远"的秦至清称为"封建时代"，以与西欧中世纪相匹配，这样，秦汉以下土地自由买卖的地主—自耕农经济、君主专制下的官僚政治等"非封建"乃至"反封建"的历史要素统统被编入"封建"的总名之下。这便是本书所评述的"泛化封建观"的大致路数。

与上述理路另成一格，注意东西方历史差异性，并用心于概念辨析的学人，如清末民初的严复、梁启超、王国维，晚近的钱穆、李剑农、瞿同祖、张荫麟、梁漱溟、费孝通、李慎之、王元化，以及海外华裔学者黄仁宇、唐德刚、许倬云等，致力于"封建"本义与西义的通约，把握封建制的基本属性（领主经济、贵族政治），将中国封建制定位于"三代"，西周为其典型；至于主要实行地主经济、官僚政治的秦至清决不应该被称为"封建社会"，应当另立名目（如"专制社会""大一统皇权社会"等）。

以上述两种封建观为中轴，形成"新史学"内部旨趣大异的历史叙事系统（比较郭沫若主编的《中国史稿》与钱穆著的《国史大纲》即可见两者的差别）。本书辨析这两种封建观及历史叙事系统的优劣长短，以探求较健全的史学发展路向。

二、 这是新史学因理解与运用唯物史观的差异引发的分歧

五四新文化运动至大革命前后，唯物史观在中国社会科学界传播渐广，后更成为主流史观。一个有趣的现象是，1930年前后的中国社会史论战间，国民党与共产党双方及"第三种人"的参论者，竞相以唯物史观信奉者自命（故论战组织者之一的王礼锡称之是"唯物的内部的争斗"），彼此都声称以唯物学说诠释中国历史（包括封建社会）；但各派论点大相径庭，除各自的政治诉求有别之外，一个重要原因是对唯物史观的理解各不相同。

马克思的唯物史观之主旨在于，物质生产是人类文明发展的基石，是一切历史活动的基本条件，物质生活的生产方式制约着整个社会生活、政治生活和精神生活的过程；而政治、观念等上层建筑一经形成，又以巨大的反作用力影响经济基础，推动或阻挠文明进程。社会史论战诸派努力运用此一理论与方法解析中国历史，其间一大分歧是：在近似的生产力水平上，是否一定产生同样的社会形态。斯大林肯认此点，郭沫若一派中国学者服膺其说，认定"自然经济、农业生产方式"既然普遍存在于东西方中古时代，故东西方中古的社会形态必然属于封建制这同一范式。郭沫若将历来确认为非封建的秦至清称为"封建社会"，原因正在于此。而反论者以为，在近似的生产力水平上，由于存在社会、政治、文化等方面的制度性差异，世界各地形成大相异趣的社会形态，如中国的中古社会明显区别于西欧、日本，处在东欧平原及北亚的俄罗斯又自成一格，凡此种种，皆不应归于同一社会形态类别。

泛化封建观成形于唯物史观的语境之中，每每被中外人士认作唯物史观的产物，本书重温唯物史观创始人的相关原论，以为那样的判定十分可疑。实际上，马克思前期在建立唯物史观基本架构时，主要揭示历史普遍规律，后期注意到人们对唯物史观的简单化处理，于是更着力于掘发世界历史进程的多样性，从而在更高的层级、更深广的背景上展现历史发展的规律。中国"新史学"的一些学人往往只注意马克思的前期论点，而对其后期论点多少有些忽略。 在唯物史观初传中国的20 世纪上中叶，这是可以理解与谅解的，因为马克思阐发历史多样性的论述有的在当时尚未为研究者所知（如人类学、社会学笔记），有些零星论述也并未引起重视，故不应苛责前贤。但时至今日，如果继续忽略历史的多样性发展，坚持单线直进史观，则实在无法自圆其说了。

三、 提出重视概念辨析的历史任务

名学在先秦曾一度繁荣，儒、墨、道、法、名诸家都有关于考析名相生成演变的睿哲之论。《荀子·正名》云："名定而实辨，道行而志通。""制名以指实，上以明贵贱，下以辨同异。"这些充满哲理的语言指出了厘清概念、正定名称的重要性。 然而，先秦的名学传统在专制一统时代并未能得到承续。秦汉以降，名学被视作"无用之辨"，甚至以"屠龙术"相讥，忽视概念辨析渐成中国文人惯习。 延至近代，虽有人起而倡导"名学"（逻辑学），但总体言之，在概念古今演绎、中外对接的近现代，名相之辨仍被忽略，仍被认为是"很无意义"的，"滥用名词"的现象必然蔓延。

诸如"封建"这样概念误植的事例不少，这有其历史、社会及文化的原因，而究其根源，是一项相当浩繁而又兴味盎然的工作。 其价值与意义至少有两项：第一，相当于发现人体疾患的病灶，有助于亡羊补牢，救正错讹；第二，对概念误植成

因的具体考察，有助于发现汉字新术语健康的生成机制，从而为今后新语的创制指引正途，以防止新的不确切术语的出现与滥用。

英国经济史家迈克尔·波斯坦 1961 年在为马克·布洛赫的《封建社会》作序时，曾论及拟定"概括性词语"的危险性：

> 在某些情况下，赋予一些完整的时代以一种概括性名词的做法甚至是危险的。它可能会诱使使用者陷入唯名论的极可怕的泥潭中，而且也许会鼓励他们把真实的存在强加于自己的词语之上，从这个用来描述现实的词语的语源中推论出一个时代的特征，或者仅仅以语义上的牵强附会来建立历史论证的大厦。①

然而，波斯坦还指出这种"概括性词语"虽具"危险性"，却又是十分必要的：

> 实际上，没有代表整个一组现象的概括性词语，不仅历史学无从谈起，而且一切知识领域的论说都无法进行。②

术语厘定是观念进步的集结点，每一领域内的现代化进程

---

① ［法］布洛赫：《封建社会》，张绪山等译，商务印书馆 2004 年版，第 23—24 页。
② ［法］布洛赫：《封建社会》，张绪山等译，商务印书馆 2004 年版，第 24 页。

都是用该学科的术语加以界说的。史学术语（尤其是涵盖广大的史学术语）的厘定，直接关系着史学（并旁及诸多学科领域）的现代化进程，参与者应当为此尽心用力。诸如"封建"概念被滥用的驳正，首先需要学理层面的论析，揭示不可靠术语构成的旧范式的误处及产生根源，重建新范式，然后通过教科书、工具书等普及读物与其他传媒，使新范式逐步成为大众的语用实践（这里有一个从学术探讨转化为公共知识的过程）。

有些人认为，泛化"封建"固然不妥，但由于广为使用，已经"约定俗成"，难以变更，只能将就。笔者也曾持此种看法。但随着研习的深入，进而认识到：约定俗成并非不可撼动；如果所"定"所"成"偏误严重，已经并继续干扰历史述事的古今承袭和中外对接，我们便应当循名责实，用力将其纠正过来。自历史长时段观之，对泛化"封建"的"约定俗成"性不必估计过高。以汉字文化的丰富与精密，以今人的智慧和能力，将滥用的"封建"厘正过来，以增进历史叙事的合理性，并不存在无法逾越的障碍。对于泛化封建观得到救正、历史发展普遍性与多样性相统一的认识得到普及的前景，笔者持谨慎乐观态度。

冯天瑜

于武汉大学中国传统文化研究中心

2021 年 8 月 19 日

主要参考文献

1. 十三经注疏. 中华书局，1979

2. 二十五史. 上海古籍出版社，上海书店，1986

3. 二十五史补编. 中华书局，1955

4. 白虎通疏证. 中华书局，1994

5. 全上古三代秦汉三国六朝文. 中华书局，1991

6. 全唐文. 中华书局，1987

7. 太平御览. 中华书局，1960

8. 资治通鉴. 中华书局，1956

9. 文献通考. 景印文渊阁四库全书. 台北：台湾商务印书馆

10. 续文献通考. 景印文渊阁四库全书. 台北：台湾商务印书馆

11. 钦定续文献通考. 景印文渊阁四库全书. 台北：台湾商务印书馆

12. 皇朝文献通考. 景印文渊阁四库全书. 台北：台湾商务印书馆

13. 皇朝续文献通考.续修四库全书.上海古籍出版社，2004

14. 张载集.中华书局，1978

15. 二程集.中华书局，1981

16. 苏东坡全集.中华书局，1986

17. 朱子语类.中华书局，1988

18. 黄宗羲全集.浙江古籍出版社，1985

19. 王夫之.读通鉴论.中华书局，1975

20. 顾炎武.日知录.岳麓书社 1994

21. ［德］马克思、恩格斯.共产党宣言.陈望道译，社会主义研究社，1920

22. 马克思恩格斯全集.人民出版社，1995

23. 马克思恩格斯选集.人民出版社，1995

24. 马克思古代社会史笔记.人民出版社，1996

25. 列宁全集.人民出版社，1988

26. 列宁选集.人民出版社，1995

27. 毛泽东选集.人民出版社，1991

28. 毛泽东文集.人民出版社，1993

29. 中共中央书记处编.六大以来：党的秘密文件.人民出版社，1981

30. 胡适.中国哲学史大纲.商务印书馆，1926

31. 陶希圣. 中国社会之史的分析. 新生命书局, 1929

32. 陶希圣. 中国社会与中国革命. 新生命书局, 1929

33. 陶希圣. 中国封建社会史. 新生命书局, 1929

34. 周谷城. 中国社会之结构. 新生命书局, 1930

35. 李季. 中国社会史论战批判. 神州国光社, 1934

36. 瞿同祖. 中国封建社会. 商务印书馆, 1937

37. 李剑农. 中国经济史讲稿. 新中国书局, 1943

38. 柳诒徵. 中国文化史. 正中书局, 1947

39. 张荫麟. 中国史纲（上古篇）, 正中书局, 1948

40. 钱穆. 国史大纲. 商务印书馆, 1948

41. 梁漱溟. 中国文化要义. 正中书局, 1949

42. 夏曾佑. 中国古代史. 三联书店, 1955

43. 王国维. 观堂集林. 中华书局, 1959

44. 严耕望. 中国地方行政制度史. 台北: 台湾商务印书馆, 1961

45. 云五社会科学大辞典. 台湾商务印书馆, 1972

46. 周一良, 吴于廑主编. 世界通史. 人民出版社, 1974

47. 章太炎政论选集. 中华书局, 1977

48. 张楠, 王忍之编. 辛亥革命前十年间时论选集. 三联书店, 1977

49. 胡如雷. 中国封建社会形态研究. 三联书店, 1979

50. 陈寅恪. 金明馆丛稿（初编）（二编）, 上海古籍出版社, 1980

51. 赵光贤. 周代社会辨析. 人民出版社, 1980

52. 吕振羽史论选集. 上海人民出版社, 1981

53. 王亚南. 中国官僚政治研究. 中国社会科学出版社, 1981

54. 钟叔河辑注校点. 日本杂事诗广注. 湖南人民出版社, 1981

55. 辛亥革命资料丛刊. 第八册. 上海人民出版社, 1981

56. 童书业. 春秋左传研究. 上海人民出版社, 1983

57. 吕振羽. 中国历史讲稿. 人民出版社, 1984

58. 陈独秀论文选编. 三联书店, 1984

59. 冯友兰. 三松堂文集. 北京大学出版社, 1984

60. 高军编. 中国社会性质问题论战（资料选辑），人民出版社, 1984

61. 李达. 经济学大纲. 武汉大学出版社, 1985

62. 吴虞集. 四川人民出版社, 1985

63. 侯外庐. 韧的追求. 三联书店, 1985

64. 吕思勉. 中国制度史. 上海教育出版社, 1985

65. 徐复观. 两汉思想史. 台北：台湾学生书局, 1985

66. 五四前后东西文化问题论战文选. 中国社会科学出版社, 1985

67. 严复集. 中华书局, 1985—1986

68. 沈兼士学术论文集. 中华书局, 1986

69. 钱穆. 现代中国学术论衡. 岳麓书社, 1986

70. 侯外庐史学论文选集. 人民出版社, 1987

71. 顾颉刚古史论文集. 中华书局, 1988

72. 瞿秋白文集. 人民出版社, 1988

73. 宋公文. 楚史新探. 河南大学出版社, 1988

74. 饮冰室合集. 中华书局, 1989

75. 康有为全集. 上海古籍出版社, 1990

76. 冯天瑜, 何晓明, 周积明. 中华文化史. 上海人民出版社, 1990

77. 刘小枫编. 中国文化特质. 三联书店, 1990

78. 傅筑夫. 中国经济史资料·先秦编. 中国社会科学出版社, 1990

79. 徐中舒. 先秦史论集. 巴蜀书社 1992

80. 唐长孺. 魏晋南北朝隋唐史三论. 武汉大学出版社, 1992

81. 周谷城学术论著自选集. 北京师范学院出版社, 1992

82. 陈独秀著作选. 上海人民出版社, 1993

83. 冯永轩. 史记楚世家会注考证校补. 湖北教育出版社, 1993

84. 吴廷璆主编. 日本史. 南开大学出版社, 1994

85. 何兆武. 历史理性批判. 湖南教育出版社, 1994

86. 钱穆. 中国文化史导论(修订本), 商务印书馆, 1994

87. 何怀宏. 世袭社会及其解体——中国历史上的春秋时代. 三联书店, 1996

88. 晁福林. 夏商西周的社会变迁. 北京师范大学出版社, 1996

89. 马克垚主编. 中西封建社会比较研究. 学林出版社, 1997

90. 孙中山文集. 团结出版社, 1997

91. 张艳国. 唯物史观与史学理论. 华中理工大学出版社, 1997

92. 刘师培辛亥前文选. 香港三联书店, 1998

93. 杨宽. 战国史. 上海人民出版社, 1998

94. 张光明. 马克思传. 中共中央党校出版社, 1998

95. 梁启超全集. 北京出版社, 1999

96. 李大钊全集. 河北教育出版社, 1999

97. 杨宽. 西周史. 上海人民出版社, 1999

98. 张凌云. 马克思的社会形态理论与当代社会主义. 武汉出版社, 1999

99. 刘泽华. 中国的王权主义. 上海人民出版社, 2000

100. 袁林. 两周土地制度新论. 东北师范大学出版社, 2000

101. 姜义华. 理性缺位的启蒙. 上海三联书店 2000

102. 章士钊. 柳文指要. 文汇出版社, 2000

103. 黄遵宪. 日本国志. 上海古籍出版社, 2001

104. 刘炜主编. 中华文明传真. 上海辞书出版社, 香港商务印书馆, 2001

105. 雷海宗. 南开史学家论丛·雷海宗卷. 中华书局, 2002

106. 赵德馨主编. 中国经济通史. 湖南人民出版社, 2002

107. 曹维安. 俄国史新论. 中国社会科学出版社, 2002

108. 南京大学百年学术精品. 南京大学出版社, 2002

109. 秦晖. 传统十论. 复旦大学出版社, 2003

110. 葛志毅. 周代分封制度研究(修订本), 黑龙江人民出版社, 2004

111. 马克垚. 英国封建社会研究. 北京大学出版社, 2005

112. 顾海良. 马克思经济思想的当代视界. 经济科学出版社, 2005

113. 叶文宪. 重新解读中国. 中国文史出版社, 2005

114. 费孝通. 乡土中国. 上海人民出版社, 2006

115. 耿云志. 近代中国文化转型研究导论. 四川人民出版社, 2008

116. 缪凤林. 中国通史要略. 东方出版社, 2008

117. 辞海(缩印本), 上海辞书出版社, 1989

118. 黄金贵. 古代文化词义集类辨考. 上海教育出版社, 1995

119. 曹炜. 现代汉语词义学. 学林出版社, 2001

120. 何金松. 汉字文化解读. 湖北人民出版社, 2004

121. 冯天瑜. 新语探源——中西日文化互动与近代汉字术语生成. 中华书局, 2004

122. 王宪明. 语言、翻译与政治——严复译《社会通诠》研究. 北京大学出版社, 2005

123. ［日］竹内实编选.毛泽东集.（日本）北望社，1972

124. ［日］福田德三.日本经济史论.（日本）东京宝文馆，1907

125. ［日］野吕荣太郎、岩田义道等编.日本资本主义发展史讲座.（日本）岩波书店，1932—1933

126. ［日］维新史料编委会编.维新史.（日本）明治书院，1942

127. ［日］小竹文夫.近世支那经济史研究.（日本）弘文堂，1942

128. ［日］大久保利谦.近代史史料.（日本）吉川弘文馆，1956

129. ［日］早稻田大学社会科学研究所编.大隈文书.（日本）早稻田大学社会科学研究所，1958

130. ［日］西周全集.（日本）宗高书房，1981

131. ［日］木村毅.日本文学交流史の研究.（日本）讲谈社，1960

132. ［英］欧卢柯库（阿礼国）.大君の都.［日］山口光朔译.（日本）岩波书店，1962

133. ［日］明治启蒙思想集.（日本）筑摩书房，1967

134. ［日］永原庆二.日本中世史.（日本）岩波书店，1968

135. ［日］牧健二.日本封建制度成立史.（日本）清水弘

文堂书房，1969

　　136.〔日〕日本思想大系.（日本）岩波书店，1973

　　137.〔日〕永原庆二.日本封建社会论.（日本）东京大学出版会，1974

　　138.〔日〕宫崎市定.中国史.（日本）岩波书店，1977

　　139.〔日〕明治文化史.（日本）原书房，1980

　　140.〔日〕家永三郎.日本文化史.（日本）岩波书店，1982

　　141.〔日〕丰田武.日本の封建制.（日本）吉川弘文馆，1983

　　142.〔日〕洞富雄.天皇不亲政の传统.（日本）新树社，1984

　　143.〔日〕大久保利谦.明治维新の政治过程.（日本）吉川弘文馆，1986

　　144.〔日〕松尾正人.废藩置县の研究.（日本）吉川弘文馆，2001

　　145.〔日〕永原庆二.日本封建社会论.（日本）东京大学出版会，2001

　　146.〔法〕孟德斯鸠.论法的精神.商务印书馆，1978

　　147.〔美〕赖肖尔.日本人.孟胜德译.上海译文出版社，1980

　　148.〔英〕甄克思.社会通诠.严复译.商务印书馆，1981

149. ［意］贝奈戴托·克罗齐. 历史学的理论和实际. 傅任敢译. 商务印书馆, 1982

150. ［美］R. 柯尔本. 历史上的封建主义. 普林斯顿, 1956

151. ［美］费正清编. 剑桥中国晚清史. 中国社会科学院出版社, 1985

152. ［美］费正清. 美国与中国. 张理京译. 商务印书馆, 198

153. ［美］斯塔夫里阿诺斯. 全球通史: 1500 年以前的世界. 上海社会科学院出版社, 1988

154. ［美］塞缪尔·亨廷顿. 变化社会中的政治秩序. 三联书店, 1989

155. ［德］魏特夫. 东方专制主义. 徐式谷等译. 中国社会科学出版社, 1989

156. ［日］安藤彦太郎. 中国语与近代日本. 卞立强译. 北京大学出版社, 1991

157. ［日］永田广志. 日本哲学思想史. 商务印书馆, 1992

158. ［日］福泽谕吉. 文明论概略. 商务印书馆, 1992

159. ［日］坂本太郎. 日本史概说. 商务印书馆, 1992

160. ［日］中村哲. 奴隶制与农奴制的理论——马克思恩格斯历史理论的重构. 冻国栋, 覃启勋译, 武汉大学出版社, 1994

161. ［法］布罗代尔. 15 至 18 世纪的物质文明、经济和资本主义. 三联书店, 1993

162. ［德］马克斯·韦伯. 儒教与道教. 洪天富译. 江苏人民出版社, 1993

163. ［法］佩雷菲特. 停滞的帝国——两个世界的撞击. 三联书店, 1993

164. ［美］许倬云. 西周史. 台北: 台北联经出版事业公司, 1984

165. ［美］许倬云. 西周史. 三联书店, 1995

166. ［日］沟口雄三. 中国的思想. 赵士林译. 中国社会科学出版社, 1995

167. ［日］福泽谕吉. 福泽谕吉自传. 商务印书馆, 1995

168. ［英］罗素. 中国问题. 学林出版社, 1996

169. ［美］黄宗智. 民事审判与民间调解: 清代的表达与实践. 中国社会科学出版社, 1998

170. ［美］许倬云. 历史分光镜. 上海文艺出版社, 1998

171. ［俄］巴甫洛夫-西利万斯基. 俄国封建主义. 商务印书馆, 1998

172. ［英］佩里·安德森. 绝对主义国家的系谱. 刘北城, 龚晓庄译. 上海人民出版社, 2001

173. ［日］爱知大学现代中国学会编. 中国 21（1999 年卷）, 中国社会科学出版社, 2001

174. ［日］谷川道雄. 中国中世社会与共同体. 马彪译. 中华书局, 2002

175. ［德］李博. 汉语中的马克思主义术语的起源与作

用. 中国社会科学出版社，2003

176. ［法］马克·布洛赫. 封建社会. 张绪山等译. 商务印书馆，2004

177. 中国大百科全书出版社《简明不列颠百科全书》编辑部译编. 简明不列颠百科全书. 1—10 卷. 中国大百科全书出版社，1985—1986

学衡尔雅文库书目

第一辑书目

《法治》 李晓东 著

《封建》 冯天瑜 著

《功利主义》 李青 著

《国民性》 李冬木 著

《国语》 王东杰 著

《科学》 沈国威 著

《人种》 孙江 著

《平等》 邱伟云 著

《帝国主义》 王瀚浩 著

待出版书目（按书名音序排列）

《白话》 孙青 著

《共产主义》 王楠 著

《共和》 李恭忠 著

《国际主义》 宋逸炜 著

《国民/人民》 沈松侨 著

《国名》 孙建军 著

《进步》 彭春凌 著

《进化》 沈国威 著

《历史学》 黄东兰 孙江 著

《迷信》 沈洁 著

《民俗》 王晓葵 著

《启蒙》 陈建守 著

《群众》 李里峰 著

《人道主义》 章可 著

《社会》 李恭忠 著

《社会主义》 郑雪君 著

《卫生》 张仲民 著

《文学》 陈力卫 著

《无政府主义》 葛银丽 著

《现代化》 黄兴涛 著

《幸福》 谭笑 著

《营养》 刘超 著

《友爱》 孙江 著

《政治学》 孙宏云 著

《资产阶级》 徐天娜 著

《自治》 黄东兰 著

《祖国》 于京东 著

（待出版书目仍在不断扩充中）